LE DILEMME DU COEUR

I0704592

AMIS OU AMANTS?
NAVIGUER DANS LA ZONE GRISE DES RELATIONS

Charlotte BECKY

Amitié ou Amour
Comment Savoir?

Table des matières

AVANT-PROPOS

Cher lecteur, chère lectrice,

Il y a trois ans, j'étais assise dans un café parisien, face à mon meilleur ami de toujours. Nos regards se sont croisés, et pendant une fraction de seconde, j'ai ressenti quelque chose de différent. Cette fraction de seconde a suffi pour me plonger dans des mois de questionnements: étais-je en train de tomber amoureuse de mon meilleur ami? Devais-je risquer notre amitié pour explorer ces sentiments? Et surtout, ressentait-il la même chose?

C'est cette expérience personnelle, ainsi que les nombreux témoignages que j'ai recueillis au fil des années en tant que conseillère relationnelle, qui m'ont poussée à écrire ce livre. Car si nous parlons beaucoup d'amour et d'amitié, nous évoquons rarement cette zone floue, cet espace ambigu où les frontières se brouillent et où les émotions deviennent complexes.

Ce livre est né d'une constatation simple: nous sommes nombreux à naviguer dans ces eaux troubles, mais peu d'entre nous ont les outils pour comprendre ce qui se passe réellement. Entre les amitiés qui évoluent, les relations platoniques qui deviennent passionnelles, ou encore les histoires d'amour qui se transforment en amitié profonde, les possibilités sont infinies... et souvent déroutantes.

À travers ces pages, je souhaite:

- Vous offrir un guide pratique pour comprendre vos émotions
- Partager des témoignages authentiques de personnes ayant vécu ces situations
- Proposer des outils concrets pour prendre les bonnes décisions
- Vous aider à préserver ce qui compte vraiment, quelle que soit l'issue

Ce livre n'est pas un manuel qui vous dira quoi faire. C'est plutôt une boussole qui vous aidera à naviguer dans vos propres émotions, à comprendre vos désirs profonds et à prendre des décisions éclairées.

Car chaque relation est unique, et ce qui fonctionne pour l'un peut être désastreux pour l'autre.

J'ai écrit ce livre pour tous ceux qui:

- Se sont un jour demandé "sommes-nous plus que des amis?"
- Ont ressenti cette tension particulière avec quelqu'un de proche
- Craignent de perdre une amitié précieuse en explorant des sentiments plus profonds
- Cherchent à comprendre pourquoi certaines relations restent dans cette "zone grise"

Mon objectif n'est pas de vous pousser dans une direction ou une autre, mais de vous donner les clés pour comprendre votre situation et prendre les décisions qui vous correspondent vraiment. Car parfois, la plus belle histoire d'amour est celle qui reste une amitié, et parfois, la plus belle amitié peut se transformer en un amour extraordinaire.

Dans les pages qui suivent, vous trouverez des histoires vraies, des analyses psychologiques, des exercices pratiques et des conseils basés sur des années d'expérience et de recherche. Mais surtout, vous trouverez un espace de réflexion et de compréhension pour cette zone grise qui fait tant partie de nos vies modernes.

Je vous invite à lire ce livre avec ouverture d'esprit et bienveillance, envers vous-même et envers les autres. Car au final, qu'il s'agisse d'amitié ou d'amour, l'essentiel est de cultiver des relations authentiques et épanouissantes.

Bienvenue dans cette exploration de la zone grise des relations.

Avec sincérité,

Charlotte BECKY

INTRODUCTION

I.1 Qu'est-ce que la zone grise des relations?

Les relations humaines sont rarement simples. Parfois, nous rencontrons quelqu'un avec qui nous partageons une connexion spéciale, et cette personne commence comme un ami. Les frontières entre l'amitié et l'amour peuvent devenir floues. Vous vous retrouvez à vous poser des questions: **"Sommes-nous juste amis ou y a-t-il quelque chose de plus?"** C'est ici que commence ce qu'on appelle **"la zone grise des relations."**

La zone grise est cet espace ambigu entre l'amitié et l'amour, un territoire émotionnel où il devient difficile de définir exactement ce que l'on ressent pour l'autre. Les gestes, les paroles, les attentes, tout est plus incertain. D'un côté, il y a l'amitié telle qu'on la connaît, basée sur la complicité, la confiance, et l'absence de désir romantique. De l'autre, il y a l'amour, avec ses sentiments plus profonds, plus intenses, souvent accompagnés de désir et d'affection physique. Entre les deux, la zone grise crée de la confusion.

C'est un état émotionnel où les intentions ne sont pas toujours claires, où les signaux peuvent être contradictoires. Vous pouvez vous demander si ce que vous ressentez est de l'affection amicale ou un début de quelque chose de plus sérieux. Peut-être que votre ami(e) ressent la même chose, ou peut-être pas. Et c'est là que réside le dilemme. Est-ce que vous devez explorer ces sentiments, ou au contraire, les ignorer pour préserver l'amitié? **Comment savoir si vous êtes prêt à franchir cette frontière, et surtout, comment éviter de perdre une amitié précieuse dans ce processus?**

Naviguer dans cette zone n'est pas une tâche facile. Ce livre a pour objectif de vous aider à comprendre cette dynamique si complexe et à trouver les réponses à vos interrogations. Nous explorerons les mécanismes psychologiques derrière cette confusion et nous vous guiderons à travers les étapes pour mieux comprendre vos propres sentiments ainsi que ceux de l'autre personne.

Évidemment, chaque relation est unique, et il n'y a pas de réponse universelle à cette question. En comprenant mieux ce qu'est la zone grise des relations, vous pourrez mieux naviguer entre les différentes émotions qui l'accompagnent. Vous apprendrez à identifier les signes qui montrent que vous avez peut-être dépassé les frontières de l'amitié, et comment en parler de manière ouverte et honnête.

La zone grise peut aussi être un espace enrichissant, où vous pouvez apprendre beaucoup sur vous-même, sur l'autre, et sur ce que vous attendez d'une relation. Toutefois, elle peut aussi être une source de stress et de tension si elle n'est pas bien gérée. Les attentes non verbalisées, les sentiments non exprimés, ou les malentendus peuvent rapidement transformer cette période d'incertitude en conflit ou en éloignement.

C'est pourquoi ce livre vous propose des outils pour mieux comprendre et gérer cette zone grise. Que vous souhaitiez clarifier vos sentiments, évaluer vos options, ou même décider de la meilleure façon de préserver une relation précieuse, ce guide est là pour vous accompagner à chaque étape.

La zone grise des relations est cet espace incertain où l'amitié et l'amour s'entrecroisent. Elle peut être à la fois excitante et déstabilisante, et ce livre vous aidera à y naviguer avec plus de sérénité et de clarté.

I.2 Pourquoi les frontières entre amitié et amour sont parfois floues

Les relations humaines sont pleines de nuances, et les émotions qui les accompagnent le sont encore plus. L'une des questions les plus délicates que nous pouvons nous poser concerne la frontière entre l'amitié et l'amour. Pourquoi ces deux concepts, pourtant bien définis en apparence, peuvent-ils parfois se mélanger et créer tant de confusion?

D'une part, l'amitié et l'amour partagent de nombreuses caractéristiques. Dans les deux cas, il y a souvent un lien émotionnel fort, une profonde connexion, et une envie de passer du temps ensemble. Que ce soit avec un ami proche ou un partenaire amoureux, vous ressentez de la confiance, de l'affection, et un certain confort dans la présence de l'autre. Il est facile de comprendre pourquoi ces deux types de relations peuvent parfois sembler s'entremêler. À un certain moment, vous vous retrouvez à vous demander si ce que vous ressentez est encore de l'amitié, ou si vous avez franchi une ligne vers quelque chose de plus romantique.

Les frontières entre amitié et amour deviennent floues pour plusieurs raisons. Il y a la notion d'intimité émotionnelle. Avec un ami proche, vous partagez vos pensées les plus profondes, vos peurs, et vos espoirs. Cet échange intense de vulnérabilité et de soutien mutuel crée une forme d'intimité qui peut facilement ressembler à l'amour romantique. Vous vous sentez compris et soutenu, et cela peut générer des sentiments similaires à ceux que l'on ressent dans une relation amoureuse. Pourtant, l'absence de désir physique ou d'attirance sexuelle est souvent ce qui différencie l'amitié de l'amour. Mais que se passe-t-il lorsque ce désir commence à émerger?

C'est là que les choses se compliquent. Il n'est pas rare que, dans des amitiés très proches, des sentiments amoureux naissent avec le temps. Peut-être que l'un des deux partenaires ressent une attirance physique grandissante, tandis que l'autre voit toujours la relation comme une amitié pure. Ou peut-être que les deux individus commencent à développer des sentiments amoureux simultanément, mais n'osent pas en parler de peur de ruiner leur précieuse amitié. Dans ces situations, la confusion est presque inévitable. Vous ne voulez pas perdre votre ami, mais en même temps, vous ressentez quelque chose de plus, quelque chose que vous ne pouvez ignorer.

Une autre raison pour laquelle ces frontières sont parfois floues est liée aux attentes sociales. Les films, les séries et même la culture populaire tendent à glorifier les histoires d'amis qui deviennent amoureux. Ces récits, où l'amitié se transforme en relation amoureuse, renforcent l'idée que la ligne entre ces deux types de relations est naturellement poreuse. Cela peut vous amener à remettre en question vos propres relations. Peut-être que vous commencez à vous demander si vous ne devriez pas vous aussi envisager une relation amoureuse avec votre ami(e) proche, simplement parce que la société semble valoriser ce type d'évolution.

L'incertitude autour de ces frontières peut aussi provenir de notre propre peur du rejet. Il est plus facile de se dire que l'on est simplement amis que de confronter la possibilité de sentiments non réciproques. Cette peur de voir une amitié se transformer en relation amoureuse non souhaitée pousse souvent les gens à éviter le sujet, laissant ainsi la zone grise s'installer durablement.

Il y a la dynamique du temps. Les sentiments évoluent. Ce qui commence comme une simple amitié peut, avec le temps, se transformer en quelque chose de plus profond. De même, une relation amoureuse peut, après une rupture ou des changements émotionnels, devenir une relation d'amitié forte. Le passage d'un état à un autre, qu'il soit conscient ou non, est souvent à l'origine de cette confusion.

Les frontières entre l'amitié et l'amour sont donc floues parce que les émotions humaines sont complexes, évolutives, et influencées par de nombreux facteurs internes et externes. Ce livre vous guidera à travers cette complexité, afin que vous puissiez mieux comprendre vos propres sentiments et ceux de votre partenaire, et prendre des décisions éclairées quant à l'avenir de votre relation.

I.3 Les enjeux émotionnels de la confusion entre amis et amants

Lorsque la frontière entre amitié et amour commence à s'effacer, les enjeux émotionnels peuvent devenir considérables. Naviguer dans cette zone floue où les sentiments se mélangent, sans véritable clarté sur la nature exacte de la relation, entraîne souvent une montagne russe émotionnelle. L'incertitude quant à savoir si l'on est « **juste amis** » ou bien « **amoureux** » peut susciter à la fois de l'excitation et de l'anxiété. Et cette confusion affecte non seulement les deux personnes impliquées, mais également la relation elle-même.

Un des premiers enjeux émotionnels liés à cette situation est la peur de perdre l'amitié. Lorsque des sentiments amoureux surgissent au sein d'une relation amicale, il est naturel d'avoir peur que cela change tout. **« Et si je lui avoue mes sentiments et que cela ruine notre amitié? » ou « Que se passera-t-il si je tente quelque chose, mais qu'il ou**

elle ne ressent pas la même chose? » Ces questions hantent souvent ceux qui se trouvent dans la zone grise des relations, et cette peur de perdre une amitié précieuse peut empêcher toute démarche, figeant les deux parties dans une situation inconfortable et non résolue.

D'un autre côté, il y a la frustration de ne pas savoir ce que l'autre personne ressent. Dans cette confusion, les non-dits peuvent créer des malentendus et des attentes irréalistes. Vous pourriez interpréter des gestes amicaux comme des signes d'intérêt amoureux, ou inversement, minimiser des actes de tendresse par peur de vous tromper. Cette incertitude alimente la frustration et le doute, et ces sentiments non verbalisés peuvent finir par provoquer un éloignement progressif. Le manque de communication claire devient alors une source de tension qui nuit à la relation.

Le déséquilibre émotionnel est un autre enjeu important. Dans certaines situations, l'une des personnes peut commencer à développer des sentiments amoureux tandis que l'autre ne ressent que de l'amitié. Ce déséquilibre peut être difficile à gérer pour celui qui a des sentiments non partagés. Il se peut qu'il continue à espérer un changement de la dynamique, tandis que l'autre reste inconsciemment dans sa zone de confort. Cela peut entraîner un sentiment de rejet, de frustration et, dans les pires cas, de ressentiment. Pour la personne qui ne ressent pas d'attirance amoureuse, il peut y avoir un sentiment de culpabilité ou d'inquiétude à l'idée de blesser l'autre.

Ce qui complique encore la situation, c'est la pression sociale. Nos sociétés ont tendance à glorifier les histoires où l'amitié se transforme en amour. Cette idée romantique, souvent véhiculée par les films, les livres ou même les conversations entre amis, pousse à croire que l'amour est la suite logique d'une amitié forte. Ce genre de pression peut vous amener à douter de vos propres sentiments ou à vous poser des questions sur la « **bonne** » façon de vivre cette relation ambiguë. Vous pouvez vous sentir piégé entre ce que vous ressentez vraiment et ce que vous pensez être attendu de vous.

Un enjeu émotionnel clé est le besoin de clarté. Lorsque vous vous trouvez dans la zone grise, l'ambiguïté peut devenir émotionnellement épuisante. Vous pouvez ressentir un besoin croissant de définir clairement ce que vous êtes pour l'autre personne. Cela peut se traduire par un désir de conversation franche pour dissiper le flou, ou au contraire, par une tendance à éviter toute discussion par peur des conséquences. La quête de clarté est une démarche cruciale pour alléger cette charge émotionnelle, mais elle peut également s'avérer difficile à initier, surtout si vous craignez que cela mette la relation en péril.

Ces enjeux émotionnels de la confusion entre amis et amants ne doivent pas être sous-estimés. Ils touchent profondément aux besoins humains de connexion, de sécurité émotionnelle, et d'amour. L'objectif de ce livre est de vous aider à naviguer dans cette complexité, à mieux comprendre ces dynamiques émotionnelles et à trouver des solutions qui vous permettent de maintenir des relations saines et épanouies, qu'elles évoluent vers l'amour ou qu'elles restent au stade de l'amitié.

I.4 Ce que vous apprendrez à travers ce livre

Naviguer dans la zone grise entre amitié et amour est une expérience émotionnellement complexe qui peut soulever bien des questions. À travers ce livre, mon objectif est de vous accompagner pas à pas, afin de clarifier ces interrogations et de vous offrir des outils concrets pour mieux comprendre vos sentiments et gérer cette situation délicate. Que vous soyez vous-même pris dans cette zone floue ou que vous observiez une relation ambiguë dans votre entourage, ce livre vous guidera vers des réponses éclairées et des actions réfléchies.

Vous apprendrez à identifier les signes qui montrent que votre relation pourrait avoir franchi les limites de l'amitié. Parfois, la confusion réside dans le fait que ni vous, ni l'autre personne, n'osez reconnaître ou verbaliser ce qui se passe. Je vous aiderai à repérer les indices subtils qui peuvent indiquer que l'un ou l'autre ressent davantage que de l'amitié. Vous découvrirez également les mécanismes psychologiques qui sous-tendent ces relations ambiguës, et comment des attentes non verbalisées peuvent créer des tensions ou de la confusion.

Ce livre vous apprendra à explorer vos propres sentiments. Il faut d'abord comprendre ce que vous ressentez vraiment avant de passer à l'action. Ressentez-vous de l'amour, de l'attirance, ou simplement une affection profonde? Nous examinerons ensemble comment distinguer l'amitié de l'amour romantique, et comment gérer les doutes et les contradictions internes qui peuvent vous troubler. Vous serez guidé à travers un processus d'introspection pour identifier vos vrais désirs et définir ce que vous attendez de la relation.

La communication est une autre pierre angulaire de ce parcours. Si la zone grise persiste, c'est souvent en raison d'un manque de dialogue clair et ouvert. À travers des conseils pratiques, vous apprendrez comment aborder une conversation délicate avec l'autre personne. Vous découvrirez des stratégies pour clarifier vos attentes mutuelles sans risquer de nuire à la relation. Que vous souhaitiez exprimer vos sentiments ou que vous soyez de l'autre côté, à gérer des sentiments non réciproques, ce livre vous fournira des outils de communication efficaces pour naviguer dans ces eaux troubles.

Au-delà de la simple clarification des sentiments, ce livre vous montrera aussi comment protéger une amitié dans une relation ambiguë. Parfois, l'attirance physique ou émotionnelle peut surgir sans que l'on sache vraiment comment la gérer. Vous apprendrez comment poser des limites claires tout en préservant l'intimité et la complicité que vous avez développées avec votre ami(e). Gérer les désirs non partagés ou les tensions sexuelles sans compromettre la relation peut sembler difficile, mais ce livre vous montrera que cela est tout à fait possible avec les bonnes approches.

Si, après réflexion, vous décidez de franchir le pas et de transformer votre amitié en relation amoureuse, ce livre vous préparera à cette transition. Vous découvrirez comment aborder ce changement sans créer de malaise, comment bâtir une relation amoureuse solide à partir d'une amitié, et surtout, comment surmonter les peurs et les incertitudes qui peuvent surgir dans ce processus. Il ne s'agit pas seulement de céder à des sentiments amoureux, mais de construire quelque chose de durable et équilibré.

À l'inverse, si la relation amoureuse ne fonctionne pas, ou si vous choisissez de rester amis malgré les sentiments, ce livre vous aidera à gérer les déceptions et à restaurer une amitié saine. Nous explorerons ensemble les moyens de surmonter les blessures émotionnelles tout en reconstruisant la confiance et en préservant ce lien précieux.

Ce livre vous invitera à accepter l'ambiguïté et à apprendre à vivre sereinement dans cette zone grise, si tel est votre choix. Parfois, la clarté ne vient pas immédiatement, et c'est tout à fait normal. Vous apprendrez à ne pas vous sentir pressé par les attentes de la société ou de votre entourage, et à vivre une relation authentique, qu'elle soit amicale ou amoureuse.

Amis ou Amants? Naviguer dans la zone grise des relations vous fournira des pistes concrètes pour comprendre, gérer et éventuellement transformer ces relations ambiguës, tout en préservant l'équilibre émotionnel et la qualité de vos relations interpersonnelles.

CHAPITRE 1: COMPRENDRE LA DYNAMIQUE DE LA ZONE GRISE

1.1 Qu'est-ce qui distingue l'amitié de l'amour romantique?

À première vue, l'amitié et l'amour romantique semblent faciles à distinguer. L'un est généralement perçu comme un lien sans complications, fondé sur la confiance et la complicité, tandis que l'autre implique des émotions plus profondes, un désir physique et une intimité qui va au-delà de la simple affection. Mais lorsqu'on vit des relations intenses, la frontière entre ces deux types de liens devient parfois floue, surtout dans les amitiés très proches. **Comment savoir si ce que vous ressentez est toujours de l'amitié ou si vous commencez à entrer dans le territoire de l'amour romantique?**

L'une des premières distinctions à faire entre l'amitié et l'amour est l'absence ou la présence de désir romantique ou sexuel. Dans une amitié, même très profonde, il y a généralement un respect de l'espace personnel de l'autre, et les gestes d'affection ne dépassent pas certains seuils. Les câlins ou les signes d'affection physique dans une amitié sont souvent légers, dénués de toute intention romantique. Dans une relation amoureuse, le désir de proximité physique devient souvent plus fort. Vous ressentez une attirance qui vous pousse à vouloir être plus proche de l'autre, pas seulement émotionnellement, mais aussi physiquement.

Considérons le cas de Claire et Marc, deux amis d'enfance qui ont grandi ensemble. Leur amitié a toujours été solide, mais en vieillissant, Claire a commencé à remarquer qu'elle ressentait autre chose pour Marc. Lorsqu'ils se voyaient, son cœur battait plus vite, et elle commençait à s'imaginer dans des situations romantiques avec lui, ce qu'elle ne faisait pas auparavant. Le simple fait de vouloir passer du temps seul avec lui prenait une dimension différente. Pour elle, ce n'était plus juste une amitié. Ce changement est souvent le premier signe que l'on s'approche de la zone grise entre amitié et amour.

Un autre élément qui distingue ces deux types de relations est le degré d'engagement émotionnel. Dans une amitié, vous partagez souvent vos pensées, vos préoccupations et vos joies avec l'autre, mais sans attendre que cette personne soit votre unique source de réconfort ou de soutien. En amour, par contre, l'autre personne devient souvent un pilier central dans votre vie émotionnelle. Vous commencez à dépendre de leur présence, de leurs paroles, et de leurs gestes pour vous sentir comblé(e). Cette intensité émotionnelle, cette envie d'être la personne la plus importante dans la vie de l'autre, est une caractéristique majeure de l'amour romantique.

Cela ne signifie pas que l'amitié n'est pas intense ou précieuse. Certaines amitiés sont si profondes qu'elles ressemblent à une sorte de « **fraternité choisie** », une relation où la confiance et la loyauté sont inébranlables. Dans l'amour romantique, il y a souvent une couche supplémentaire d'exclusivité et d'intimité qui va au-delà de la simple amitié. Vous ne vous contentez plus d'un lien émotionnel, vous voulez aussi partager un futur commun, faire des projets ensemble, et souvent, vous avez cette sensation de vouloir protéger cette relation à tout prix.

Revenons à l'histoire de Claire et Marc. Après plusieurs mois d'hésitation, Claire a pris la décision d'aborder le sujet avec Marc. Il se trouve que lui aussi avait commencé à ressentir la même chose, mais n'avait pas osé en parler de peur de ruiner leur amitié. Ils ont alors décidé d'explorer ensemble ces nouveaux sentiments, en s'assurant que même si cela ne fonctionnait pas, leur amitié resterait solide. Ils ont appris à naviguer dans cette transition de l'amitié à l'amour, tout en prenant soin de préserver ce qui faisait la force de leur relation.

Ce type de transition est souvent délicat, mais il est tout à fait possible de passer d'une relation amicale à une relation amoureuse si les deux parties sont prêtes à faire face à cette évolution. Le plus grand risque est de ne pas en parler, de laisser les sentiments enfouis et de créer un fossé entre vous. Dans ce livre, nous verrons comment reconnaître ces signes et comment aborder ces conversations avec sincérité et bienveillance.

La distinction entre l'amitié et l'amour romantique repose sur plusieurs facteurs: l'attirance physique, l'intensité émotionnelle, et le désir de construire quelque chose de durable ensemble. Comprendre ces différences vous permettra d'éviter la confusion et de mieux naviguer dans la zone grise.

1.2 Les signes que votre relation a franchi les limites de l'amitié

Les relations amicales peuvent parfois évoluer sans que l'on s'en rende compte, passant doucement de l'amitié à quelque chose de plus profond. Il peut être difficile de savoir quand exactement cela se produit, surtout si vous vous trouvez pris dans cette zone floue. **Comment savoir si votre relation a franchi les limites de l'amitié?** Quelles sont les signaux qui vous permettent de reconnaître que ce que vous ressentez n'est plus seulement de l'amitié, mais quelque chose de plus intense?

Le premier signe qui se manifeste souvent est une attirance physique plus prononcée. Ce n'est pas nécessairement un désir immédiat ou explicite, mais plutôt une sensation de vouloir être proche de l'autre personne, physiquement. Vous ressentez un besoin de toucher, que ce soit en partageant un câlin ou en restant assis plus près que d'habitude. Imaginons la situation de Sophie et Léo, deux amis de longue date. Sophie a commencé à remarquer qu'elle cherchait de plus en plus à être à côté de Léo, que ce soit lors d'une soirée entre amis ou même dans des moments plus informels. Elle se surprenait à se demander à quoi cela ressemblerait de tenir sa main ou d'échanger un regard plus profond, des choses qu'elle n'avait jamais envisagées auparavant. Cela peut sembler subtil, mais ce genre d'attirance physique est souvent l'un des premiers signes que vous commencez à sortir du cadre de l'amitié.

Un autre indicateur est l'intensification de vos pensées et de vos sentiments envers l'autre personne. Vous pensez à elle plus souvent, parfois même sans raison particulière. Vous vous surprenez à anticiper vos moments ensemble, à vous demander ce qu'elle fait lorsqu'elle n'est pas avec vous, et à imaginer des scénarios où vous êtes tous les deux dans des situations plus romantiques. Dans le cas de Thomas et Clara, par exemple, Thomas a commencé à remarquer qu'il pensait constamment à Clara, même en dehors des moments où ils se voyaient. Il se demandait de plus en plus si leurs échanges habituels ne cachaient pas quelque chose de plus, et cela commençait à l'intriguer. Si vous vous reconnaissez dans cette situation, cela peut être un signe clair que l'amitié a laissé place à des sentiments amoureux.

Le besoin de partager plus que ce que vous feriez normalement dans une relation amicale est également un signe révélateur. Vous commencez à vouloir que cette personne soit la première à connaître vos joies, vos peines, et vos préoccupations. Vous ressentez une connexion émotionnelle plus forte, où l'autre devient la personne vers qui vous vous tournez pour tout. Cela peut parfois créer un déséquilibre, surtout si l'autre personne ne partage pas les mêmes sentiments, mais cela montre souvent que la relation évolue. Sarah, par exemple, a remarqué que chaque fois qu'elle vivait une situation émotionnelle forte, sa première pensée était d'en parler à Paul, bien avant ses autres amis. Elle avait besoin de lui, plus qu'elle ne s'en rendait compte. Cette intimité émotionnelle croissante peut indiquer que votre relation est en train de franchir une nouvelle étape.

Un dernier signe est la jalousie ou la possessivité, deux sentiments qui apparaissent rarement dans une amitié classique. Si vous commencez à ressentir de l'inconfort lorsque l'autre personne passe du temps avec d'autres amis, ou si vous vous sentez possessif sans raison apparente, cela peut signifier que vous attendez plus que ce qu'une amitié peut offrir. Voyons ce qui se passe dans le cas de Martin. Il a commencé à ressentir une gêne chaque fois que sa meilleure amie, Julie, parlait d'autres hommes. Il ne savait pas pourquoi cela le dérangeait autant, mais après réflexion, il s'est rendu compte que ses sentiments pour elle avaient dépassé le simple cadre de l'amitié.

Reconnaître ces signes est la première étape pour comprendre si votre relation a franchi les limites de l'amitié. Avant d'aller plus loin, il faut vous poser et comprendre ce que vous éprouvez vraiment. L'évolution de ces relations peut être à la fois belle et complexe, mais elle demande une certaine introspection et communication pour éviter de potentiels malentendus ou blessures.

1.3 Comment les attentes non verbalisées peuvent créer de la confusion

Les relations entre amis peuvent parfois devenir compliquées, surtout lorsque des attentes non verbalisées commencent à se manifester. Ces attentes silencieuses peuvent créer une dynamique où l'un des deux, voire les deux personnes, se retrouvent dans un flou émotionnel sans savoir comment avancer. L'une des raisons principales de cette confusion est que, sans communication claire, chacun projette ses propres désirs, espoirs ou insécurités sur l'autre, sans savoir si ces attentes sont partagées.

Observons l'exemple de Julie et Vincent. Amis depuis plusieurs années, ils passent beaucoup de temps ensemble et partagent une grande complicité. Julie commence à ressentir des sentiments plus forts pour Vincent, mais elle n'ose pas en parler, par peur de ruiner leur amitié. Elle espère que Vincent ressent la même chose et attend des signes de sa part. Vincent, de son côté, apprécie énormément son amitié avec Julie, mais il n'a jamais envisagé de relation amoureuse avec elle. Il est à l'aise dans leur amitié et ne soupçonne pas les sentiments de Julie. Cette différence de perception crée une tension silencieuse. Julie commence à interpréter des gestes amicaux comme des signes potentiels d'intérêt amoureux, tandis que Vincent ne réalise pas qu'il nourrit sans le vouloir des attentes chez Julie.

Les attentes non verbalisées conduisent souvent à des malentendus. Vous attendez de l'autre qu'il agisse d'une manière précise, sans jamais le lui dire. Cela peut se traduire par un ressentiment croissant lorsqu'il ou elle ne répond pas à ces attentes. Dans le cas de Julie, elle se met à interpréter chaque geste ou chaque mot de Vincent à travers le prisme de ses sentiments, espérant voir un signe qui confirmerait que lui aussi ressent quelque chose de plus fort. Mais comme Vincent ne sait pas que Julie attend plus de lui, il continue à agir en simple ami, ce qui déçoit Julie, sans que celle-ci ose en parler.

Ce genre de situation montre à quel point il est risqué de laisser des attentes non exprimées guider une relation. Lorsque les besoins émotionnels ne sont pas communiqués clairement, chacun reste prisonnier de ses propres suppositions. Dans une relation ambiguë, il est facile de croire que l'autre personne sait ce que vous ressentez ou devine vos intentions, alors qu'en réalité, elle peut ne pas avoir conscience de vos attentes. Cela peut mener à des comportements contradictoires, où chacun interprète différemment les actions de l'autre.

Pour éviter cette confusion, la première étape est d'apprendre à exprimer ses attentes. Cela ne signifie pas qu'il faille forcément faire une grande déclaration d'amour si vous ne savez pas encore où vous en êtes, mais plutôt d'établir un dialogue ouvert. Il est possible de poser des questions ou d'initier une discussion sur la nature de votre relation, sans pour autant mettre une pression excessive sur l'autre. Le but est de clarifier les intentions et de comprendre si vous êtes sur la même longueur d'onde. Dans l'exemple de Julie et Vincent, si Julie avait partagé ses doutes ou ses interrogations plus tôt, ils auraient peut-être pu éviter de tomber dans ce cercle de confusion.

Derrière les attentes non dites, il y a parfois une peur du rejet ou un manque d'estime de soi. Souvent, vous n'osez pas parler de ce que vous attendez parce que vous avez peur de perdre l'amitié ou de ne pas recevoir la réponse que vous espérez. Rester dans le silence ne fait que prolonger la confusion et les frustrations. Même si la réponse n'est pas celle que vous espériez, avoir une discussion honnête peut vous apporter la clarté nécessaire pour avancer.

Il se peut que votre partenaire ait les mêmes doutes que vous. En ouvrant le dialogue, vous permettez à chacun d'exprimer ses ressentis, sans pression ni jugement. C'est là que réside la clé pour naviguer dans la zone grise des relations: oser aborder les sujets qui peuvent sembler délicats, mais qui sont nécessaires pour éviter la confusion et avancer sereinement, que ce soit vers une relation amicale renforcée ou une relation amoureuse plus claire.

Les attentes non verbalisées ont le pouvoir de brouiller les lignes d'une relation. Mais avec de la communication et de l'honnêteté, il est possible de dissiper ces malentendus et de restaurer une relation saine, fondée sur des attentes partagées et comprises.

1.4 L'influence des émotions sur la perception des relations ambiguës

Les émotions jouent un rôle central dans la manière dont nous percevons nos relations, et cela est encore plus vrai lorsqu'il s'agit de relations ambiguës. La confusion entre amitié et amour naît souvent des sentiments complexes que nous ressentons, des émotions qui ne sont pas toujours simples à comprendre ou à gérer. Nos émotions influencent non seulement la façon dont nous interprétons les actions de l'autre, mais aussi comment nous réagissons à ces signaux, parfois en les amplifiant ou en les déformant. Cette influence émotionnelle peut rendre les relations ambiguës encore plus troublantes.

L'un des premiers aspects à considérer est que les émotions peuvent créer des attentes irréalistes. Lorsque vous ressentez une affection profonde ou une attirance pour un ami proche, vous pouvez commencer à voir des signes d'intérêt romantique là où il n'y en a pas nécessairement. Cela arrive parce que vos propres sentiments colorent votre perception. Par exemple, vous pourriez interpréter une simple attention ou un geste bienveillant comme une preuve d'amour, alors que l'autre personne continue à agir dans un cadre purement amical. Cette projection des émotions peut brouiller les pistes et entraîner des malentendus.

Analysons le scénario de Thomas et Lucie. Amis de longue date, ils passent beaucoup de temps ensemble et se soutiennent dans leurs moments difficiles. Thomas a développé des sentiments amoureux pour Lucie, mais n'a jamais osé lui en parler. Chaque fois qu'elle lui envoie un message ou propose une sortie, Thomas se demande si cela signifie quelque chose de plus. Lucie, quant à elle, apprécie leur amitié et ne se doute pas des sentiments de Thomas. Dans cette situation, les émotions de Thomas l'amènent à interpréter leurs interactions d'une manière qui reflète son propre désir plutôt que la réalité de leur relation. Cette distorsion émotionnelle peut créer des tensions internes et éventuellement des conflits si les attentes ne sont pas clarifiées.

Un autre facteur clé est l'impact de l'attachement émotionnel sur la perception. Dans une relation amicale, il y a souvent un niveau d'intimité émotionnelle qui peut être facilement confondu avec de l'amour romantique. Vous partagez des moments de vulnérabilité, vous vous confiez à l'autre, et cela crée un lien profond. Cette intimité émotionnelle est précieuse, mais elle peut aussi donner l'impression que vous êtes plus qu'amis. C'est particulièrement vrai lorsque vous vous sentez seul(e) ou que vous traversez une période difficile sur le plan affectif. Dans ces moments-là, les émotions amplifient la proximité que vous ressentez avec votre ami(e), vous faisant croire que cette relation pourrait évoluer vers quelque chose de plus.

L'attirance physique est un autre aspect où les émotions influencent fortement la perception des relations ambiguës. Le désir de proximité physique, le besoin d'être tactile ou même un simple flirt peuvent accentuer cette confusion. Mais l'attirance physique seule ne suffit pas toujours à définir une relation comme amoureuse. Parfois, cette attirance est le résultat d'un lien émotionnel fort, mais elle ne se transforme pas nécessairement en amour romantique. Pourtant, sous l'effet de ces émotions, vous pourriez être tenté(e) de pousser la relation dans une direction plus romantique, même si cela n'est pas réciproque.

Dans les relations ambiguës, l'anxiété joue également un rôle important. L'incertitude sur les sentiments de l'autre, combinée à vos propres émotions intenses, peut créer un climat d'anxiété qui affecte votre comportement. Vous pourriez commencer à douter de chaque interaction, à suranalyser chaque geste ou chaque parole, dans l'espoir de découvrir ce que l'autre ressent réellement. Cette anxiété peut rendre les choses plus compliquées, vous empêchant d'avoir une vision claire de la situation et de prendre des décisions rationnelles.

Comment gérer cette influence émotionnelle sur les relations ambiguës? La première étape est de prendre du recul et de reconnaître l'impact que vos émotions ont sur la façon dont vous percevez l'autre personne et la relation elle-même. Faites la différence entre vos émotions et celles de l'autre Vous pouvez également essayer de parler de vos émotions avec quelqu'un de confiance, afin d'obtenir un point de vue extérieur, moins influencé par les sentiments que vous ressentez.

La communication est également une clé pour clarifier les choses. Si vous vous sentez prêt(e), avoir une discussion honnête avec votre ami(e) peut dissiper une grande partie de la confusion. Partager vos ressentis peut vous aider à obtenir des réponses et à comprendre où vous en êtes, que ce soit dans une relation amicale ou amoureuse. Vous n'avez pas à rester prisonnier de vos émotions; vous pouvez prendre les rênes de la situation en clarifiant vos attentes et en écoutant celles de l'autre.

Les émotions ont un pouvoir immense sur la perception des relations ambiguës. Elles peuvent transformer la plus simple des amitiés en quelque chose de beaucoup plus complexe. Mais en apprenant à naviguer dans ces émotions et en communiquant ouvertement, vous pouvez éviter que ces sentiments ne se transforment en source de confusion ou de malentendu.

CHAPITRE 2: IDENTIFIER VOS PROPRES SENTIMENTS

2.1 L'importance de reconnaître vos sentiments réels

Naviguer dans une relation ambiguë peut parfois sembler un véritable défi émotionnel. La première étape pour sortir de ce flou et prendre des décisions claires consiste à reconnaître vos propres sentiments réels. Cela peut paraître simple, mais il arrive souvent que nous ne comprenions pas pleinement nos émotions, soit parce que nous avons peur de les affronter, soit parce que nous ne savons pas comment les nommer. Pourtant, tant que vous ne clarifiez pas ce que vous ressentez vraiment, il est presque impossible d'agir avec assurance dans une relation, qu'elle soit amicale ou amoureuse.

Reconnaître vos sentiments réels, c'est avant tout être honnête avec vous-même. Cela implique de vous poser des questions essentielles: « **Qu'est-ce que je ressens vraiment pour cette personne? Est-ce de l'amitié, ou est-ce quelque chose de plus profond?** » Souvent, les sentiments peuvent être confus parce qu'ils évoluent avec le temps. Ce qui commence comme une simple amitié peut, avec les années, se transformer en affection amoureuse. Si vous ne prenez pas le temps de réfléchir à vos émotions, vous risquez de rester dans une zone d'incertitude qui pourrait devenir source de frustration ou de malentendu.

Regardons l'exemple de Camille. Elle est amie avec Max depuis plusieurs années, et leur relation a toujours été basée sur la confiance et la complicité. Dernièrement, Camille a remarqué qu'elle ressentait quelque chose de différent. Elle pensait souvent à Max, se surprenant à s'imaginer dans une relation amoureuse avec lui. Au lieu de simplement ignorer ces nouvelles émotions, elle a pris le temps de les analyser. En se posant les bonnes questions, Camille a réalisé qu'elle était amoureuse de Max. Cette prise de conscience lui a permis d'avancer et de réfléchir à la manière dont elle souhaitait aborder cette évolution dans leur relation.

Une fois que vous reconnaissez vos sentiments, cela vous permet de mieux comprendre vos attentes. Voulez-vous rester dans une amitié, ou espérez-vous une relation amoureuse? Cette clarté est essentielle pour éviter de créer des attentes non verbalisées qui pourraient conduire à des déceptions. Si vous ne savez pas ce que vous ressentez, vous risquez d'envoyer des signaux contradictoires à l'autre personne, ou pire, de vous retrouver dans une situation où vous vous sentez insatisfait(e), sans vraiment comprendre pourquoi.

Reconnaître vos sentiments réels ne signifie pas que vous devez agir sur eux immédiatement. Parfois, il est bon de simplement prendre conscience de ce que vous ressentez sans nécessairement faire de grands gestes. Dans le cas de Camille, après avoir réalisé ses sentiments, elle a choisi de ne pas en parler tout de suite à Max. Elle avait besoin de plus de temps pour réfléchir à ce qu'elle voulait vraiment et pour s'assurer que ses émotions étaient stables avant de prendre une décision. Cette période de réflexion est cruciale, car elle vous permet d'éviter les décisions précipitées qui pourraient compromettre la relation.

Dans certains cas, vous pouvez vous rendre compte que ce que vous ressentez n'est pas vraiment de l'amour, mais plutôt un attachement émotionnel intense ou même une dépendance affective. C'est là que l'introspection devient importante. Parfois, nous confondons l'amour avec d'autres émotions plus complexes, comme la peur de perdre une personne ou le besoin de combler un vide émotionnel. Reconnaître cela vous permet de différencier l'amour véritable des émotions qui ne sont pas forcément saines. Comprendre la nature de ces émotions nous permet de mieux les maîtriser.

Identifier vos sentiments réels vous prépare à la communication. Si vous ressentez quelque chose de fort pour votre ami(e), et que vous êtes prêt(e) à en parler, avoir une vision claire de vos émotions vous aide à aborder la discussion avec calme et honnêteté. Plutôt que de laisser les non-dits créer une atmosphère de tension, vous pouvez expliquer clairement où vous en êtes, tout en respectant les sentiments de l'autre personne. Cela permet d'éviter les malentendus et ouvre la voie à une relation plus authentique, que vous choisissiez de rester amis ou de franchir le pas vers quelque chose de plus romantique.

Reconnaître vos sentiments réels est une étape essentielle pour sortir de la zone grise des relations ambiguës. Cela vous permet de mieux comprendre vos émotions, d'aligner vos attentes avec la réalité et d'aborder vos relations avec plus de sincérité et de clarté. Prenez le temps d'explorer ce que vous ressentez avant de prendre des décisions, car cette introspection est la clé pour éviter les malentendus et les frustrations.

2.2 Comment savoir si vous ressentez de l'amour ou de l'amitié?

La frontière entre l'amour et l'amitié peut être floue, surtout lorsque vous partagez une relation intense et pleine de complicité. Vous pouvez vous demander si ce que vous ressentez pour votre ami(e) est simplement une affection profonde, ou si cela se transforme en quelque chose de plus romantique. Pour y voir plus clair dans vos sentiments, prenez du recul et analysez cette relation qui vous semble floue Comment savoir si vous êtes toujours dans le cadre de l'amitié ou si vous ressentez de l'amour?

Le premier indicateur est souvent la façon dont vous pensez à cette personne. L'amitié, même très forte, n'entraîne généralement pas les mêmes pensées obsessionnelles que l'amour romantique. Lorsque vous êtes amoureux, vous avez tendance à penser à l'autre personne constamment, à anticiper les moments où vous la verrez, et à imaginer des scénarios dans lesquels vous êtes ensemble. Si vous vous surprenez à rêver de votre ami(e) dans des contextes romantiques ou à vous demander à quoi ressemblerait une relation amoureuse avec lui/elle, cela pourrait indiquer que vos sentiments vont au-delà de l'amitié.

Prenons comme illustration Léo et Sarah. Amis depuis plusieurs années, ils ont toujours été très proches. Mais dernièrement, Léo s'est rendu compte qu'il pensait souvent à Sarah avant de s'endormir, imaginant à quoi ressemblerait une vie de couple avec elle. Cette projection romantique est un signe fort que Léo ressent quelque chose de plus profond que l'amitié.

Un autre élément clé est l'attirance physique. Bien que certaines amitiés puissent inclure des gestes d'affection comme des câlins ou des accolades, l'attirance physique dans une relation amoureuse est différente. Si vous ressentez le désir d'être proche physiquement de votre ami(e) de manière plus intime – par exemple, en souhaitant l'embrasser ou en ressentant une certaine excitation à son contact – cela peut être le signe que vous développez des sentiments amoureux. Il est aussi possible que ces envies ne soient pas présentes dès le début, mais qu'elles apparaissent progressivement à mesure que votre connexion émotionnelle se renforce.

L'attirance physique seule n'est pas un indicateur suffisant. Consacrez du temps à réfléchir à l'intensité de vos sentiments. Dans une amitié, même si vous partagez des confidences et des moments de complicité, vous n'êtes pas forcément dépendant(e) de l'autre personne sur le plan émotionnel. En amour, vous avez tendance à rechercher l'attention et l'approbation de l'autre personne, et leur absence peut provoquer un vide ou un manque. Si vous ressentez un besoin constant d'être validé(e) par votre ami(e) ou que vous vous sentez profondément affecté(e) lorsque cette personne n'est pas disponible pour vous, cela peut indiquer que vous êtes en train de développer des sentiments amoureux.

Le jalousie est un autre signal à prendre en compte. Dans une amitié, il est naturel de ressentir une certaine jalousie si un nouvel ami entre dans la vie de l'autre personne, mais ce sentiment est généralement moins intense que dans une relation amoureuse. Si vous ressentez de la jalousie lorsque votre ami(e) passe du temps avec quelqu'un d'autre ou mentionne une autre personne d'un point de vue romantique, cela peut être un indicateur que vos sentiments ont évolué. C'est cette différence subtile mais significative qui distingue l'amitié de l'amour.

Une question fondamentale se pose: comment imaginez-vous votre avenir avec cette personne? En amitié, même avec une relation très forte, vous imaginez rarement un avenir de couple ou de vie commune. En amour, il est fréquent de se projeter dans un futur ensemble, que ce soit sous forme de vacances à deux, de vie de couple ou même de projets à long terme. Si vous vous projetez naturellement dans un avenir partagé avec votre ami(e), cela peut être un indice que vous ressentez plus que de l'amitié.

Examinons le cas de Clara. Elle a toujours été très proche de son ami Thomas, mais un jour, elle s'est surprise à imaginer ce que serait leur vie s'ils formaient un couple. Elle a réalisé qu'elle ne pensait plus à lui uniquement comme à un ami, mais qu'elle désirait un avenir commun avec lui, ce qui l'a amenée à reconnaître que ses sentiments avaient évolué.

Savoir si vous ressentez de l'amour ou de l'amitié demande une introspection honnête. Prenez le temps d'analyser la nature de vos pensées, vos réactions émotionnelles et vos envies physiques. En étant attentif(ve) à ces signaux, vous pourrez mieux comprendre si ce que vous vivez relève de l'amitié ou de l'amour. Quelle que soit la réponse, reconnaître vos sentiments est la première étape vers une relation plus claire et authentique.

2.3 Gérer les sentiments contradictoires et les doutes

Lorsque vous vous trouvez dans la zone grise entre amitié et amour, il est naturel de ressentir des sentiments contradictoires. D'un côté, vous pouvez ressentir une profonde affection pour votre ami(e) et apprécier la stabilité de cette relation. De l'autre, vous êtes peut-être attiré(e) par l'idée d'explorer une dimension plus romantique de cette connexion. Ces sentiments opposés peuvent générer des doutes, et c'est souvent ce mélange d'émotions qui rend les choses si complexes.

La première chose à comprendre est que les doutes font partie du processus. Vous n'êtes pas censé avoir toutes les réponses immédiatement, et il est tout à fait normal d'hésiter. Ce qui compte, c'est de reconnaître ces doutes et de les gérer de manière saine, plutôt que de les ignorer. Lorsque vous ressentez des émotions contradictoires, cela peut créer une sorte de dissonance interne qui peut être source de stress. Mais en prenant le temps de réfléchir à ces émotions, vous pouvez clarifier vos pensées et mieux comprendre ce que vous ressentez vraiment.

Prenons le cas concret de Paul et Alice. Ils étaient de grands amis depuis l'université et partageaient une relation solide et sans ambiguïté… jusqu'à ce que Paul commence à ressentir des sentiments plus romantiques pour Alice. D'un côté, il appréciait leur amitié, mais de l'autre, il se surprenait à imaginer un avenir romantique avec elle. Paul s'est retrouvé tiraillé entre ces deux mondes, se demandant s'il devait parler de ses sentiments ou les garder pour lui. Ce conflit interne est le reflet de ce que beaucoup de gens ressentent lorsqu'ils se trouvent dans une relation ambiguë.

Comment gérer ces sentiments contradictoires? La première étape est d'adopter une approche bienveillante envers vous-même. Il est possible que vous ressentiez de la confusion ou même de la culpabilité en ayant ces sentiments, surtout si vous avez peur de perdre l'amitié. Plutôt que de vous juger, acceptez que les émotions humaines sont complexes et qu'il est normal d'éprouver des contradictions. Cette bienveillance vous permettra de mieux comprendre vos sentiments sans vous précipiter dans une décision.

Il est utile de poser vos émotions à plat. Prenez le temps d'analyser ce que vous ressentez réellement. Est-ce que les sentiments amoureux que vous avez sont passagers ou persistent-ils avec le temps? Y a-t-il des moments où vous vous sentez plus comme un(e) ami(e), et d'autres où vous vous imaginez en couple? Parfois, écrire vos pensées ou en parler avec un confident peut vous aider à voir les choses plus clairement.

Ne laissez pas vos doutes vous bloquer. Il est facile de rester coincé(e) dans une boucle de réflexion où vous essayez de peser les pour et les contre sans jamais prendre de décision. Mais à un certain moment, il faut accepter qu'il n'y a pas toujours de solution parfaite. Vous ne pouvez pas tout contrôler, et parfois, vous devez simplement accepter de vivre avec une part d'incertitude. Par exemple, si vous décidez de ne pas partager vos sentiments amoureux par peur de perdre l'amitié, il est possible que vous restiez dans cette zone floue indéfiniment, sans jamais savoir ce qu'il aurait pu advenir de cette relation.

Pour Paul, après plusieurs mois d'hésitation, il a finalement décidé de parler à Alice de ses sentiments. Il savait que cela comportait des risques, mais il ne voulait plus rester dans cette zone d'incertitude. Ce type de prise de décision, même s'il n'est pas facile, est souvent nécessaire pour sortir de l'ambiguïté. Il ne s'agit pas forcément de forcer une évolution de la relation, mais plutôt de clarifier les choses afin de ne plus laisser les doutes prendre le dessus.

Sachez que gérer les sentiments contradictoires, c'est aussi être ouvert à la possibilité que la relation reste amicale. Il n'y a pas de honte à se rendre compte que ce que vous ressentiez était finalement une affection profonde mais amicale. Parfois, l'envie de transformer une relation vient de la pression sociale ou des attentes que l'on projette sur soi-même. Il est tout à fait possible de rester ami(e) avec cette personne et de continuer à cultiver une relation forte sans qu'elle devienne romantique. Ce choix peut être tout aussi enrichissant et apaisant que celui de se lancer dans une aventure amoureuse.

Apprendre à gérer les sentiments contradictoires et les doutes est un processus d'introspection. Cela demande du temps, de la réflexion et une bonne dose de courage. Mais en vous donnant la permission de ressentir ces émotions et en prenant des décisions réfléchies, vous pouvez sortir de cette zone grise avec plus de clarté, quelle que soit la direction que prendra votre relation.

2.4 L'impact des attentes sociales sur vos sentiments

Les sentiments que nous éprouvons, que ce soit en amitié ou en amour, ne se forment pas dans un vide. Ils sont souvent influencés par des facteurs extérieurs, dont les attentes sociales jouent un rôle majeur. La société dans laquelle nous évoluons, nos cercles sociaux, et même la culture populaire exercent une pression subtile qui peut affecter la manière dont nous percevons nos relations. Lorsque vous vous retrouvez dans une relation ambiguë entre amitié et amour, ces attentes sociales peuvent compliquer vos sentiments et rendre la situation encore plus confuse.

Dans la plupart des cultures, l'idée que l'amitié entre un homme et une femme (ou entre deux personnes de sexes opposés, ou même du même sexe) finit par se transformer en relation amoureuse est souvent véhiculée. Que ce soit à travers les films, les séries, ou même les histoires que nous entendons de notre entourage, cette vision est omniprésente. Elle suggère que si deux personnes passent beaucoup de temps ensemble et partagent une grande complicité, il est « **normal** » que des sentiments amoureux se développent. Mais cette idée, bien que courante, peut entraîner une confusion émotionnelle.

Explorons l'exemple de Léa et Julien. Ils sont amis depuis des années et ont toujours eu une relation basée sur la confiance et la complicité. Des amis et des proches ont commencé à leur poser cette question: « **Pourquoi n'êtes-vous pas en couple? Vous êtes faits l'un pour l'autre!** » ou encore « **Vous seriez tellement bien ensemble.** » Au début, Léa et Julien riaient de ces remarques. Mais à force de les entendre, ils ont commencé à se demander s'il n'y avait pas quelque chose de plus entre eux. Les attentes sociales ont semé des doutes dans leur esprit, les poussant à remettre en question la nature de leur relation, alors qu'ils n'avaient jusque-là ressenti que de l'amitié l'un pour l'autre.

Les attentes sociales peuvent également créer une forme de pression qui vous incite à voir l'amour là où il n'y en a peut-être pas. Si tout le monde autour de vous semble attendre que vous développiez des sentiments amoureux pour un ami proche, il devient facile de vous demander si vous ne ratez pas quelque chose. Cette pression peut aussi vous pousser à vous conformer à ces attentes, même si vos sentiments réels ne correspondent pas. Vous pourriez ressentir une forme de culpabilité de ne pas être amoureux(se) alors que « **tout le monde** » semble penser que vous devriez l'être.

Dans certains cas, cette influence sociale peut brouiller la clarté de vos sentiments. Vous commencez à confondre ce que vous ressentez réellement avec ce que la société vous pousse à ressentir. Par exemple, si vous passez beaucoup de temps avec un(e) ami(e), que vous partagez des moments d'intimité émotionnelle et que vous êtes à l'aise l'un(e) avec l'autre, la société peut vous faire croire que ces signes indiquent que vous devez être amoureux(se). Mais en réalité, il se peut que vous ne ressentiez rien de plus que de l'affection amicale.

Cette pression peut également s'exercer de manière différente. Si vous êtes dans une relation ambiguë et que vous n'avez pas encore franchi le pas vers une relation amoureuse, il est possible que la société vous pousse à clarifier votre situation rapidement. Dans notre culture moderne, où tout doit être étiqueté, les relations ambiguës ne sont pas toujours acceptées. L'idée que vous puissiez rester dans une relation sans en définir les termes peut sembler inconfortable pour votre entourage. Vous pourriez alors ressentir une pression pour « **faire un choix** »: soit rester amis, soit devenir un couple. Mais parfois, cette précipitation à définir la relation peut causer plus de mal que de bien, car elle ne reflète pas toujours la réalité de vos sentiments.

Comment éviter que les attentes sociales n'influencent trop vos décisions? La première étape est de reconnaître leur existence. Une fois que vous avez conscience que vos sentiments peuvent être influencés par ce que les autres attendent de vous, vous êtes mieux préparé(e) à vous concentrer sur ce que vous ressentez réellement. Prenez le temps d'analyser vos émotions loin des pressions extérieures. Demandez-vous: « **Qu'est-ce que *je* ressens vraiment? Si je ne me laissais pas influencer par ce que les autres pensent, quelle serait ma décision?** »

Communiquer sur ces attentes peut vous aider à y voir plus clair. En communiquant ouvertement sur vos doutes et sur l'influence extérieure que vous ressentez, vous pouvez mieux comprendre la situation ensemble et éviter de prendre des décisions précipitées.

Les attentes sociales peuvent fortement influencer vos sentiments, mais elles ne doivent pas dicter vos choix. Vous seul(e) êtes capable de définir ce que vous ressentez vraiment, et en prenant le temps de vous déconnecter des pressions extérieures, vous pouvez naviguer dans cette zone grise avec plus de sérénité et de clarté.

CHAPITRE 3: COMMUNIQUER DANS UNE RELATION AMBIGUË

3.1 Comment aborder une conversation délicate sur la nature de la relation

Lorsque vous vous retrouvez dans une relation ambiguë entre amitié et amour, il arrive un moment où une discussion ouverte devient nécessaire pour dissiper les doutes. Cette conversation peut sembler intimidante, car elle touche à des sentiments profonds et à la possibilité de changer la nature de la relation. Toutefois, aborder ce sujet avec sincérité et délicatesse est souvent le seul moyen d'éviter des malentendus et de clarifier les intentions de chacun.

La première étape pour aborder une conversation sur la nature de la relation est de choisir le bon moment. Évitez de vous précipiter dans la discussion. Par exemple, tenter de parler de vos sentiments lors d'une sortie en groupe ou dans un moment où l'attention de l'autre est partagée peut rendre la situation inconfortable. Il est préférable de choisir un moment où vous êtes seul(e) avec l'autre personne, dans un environnement calme et où vous vous sentez tous les deux à l'aise. Il s'agit d'un sujet qui mérite du temps et de l'espace pour être bien abordé.

Étudions le cas de Chloé et Maxime, deux amis qui ont commencé à passer beaucoup de temps ensemble. Chloé a commencé à se demander si Maxime ressentait plus que de l'amitié pour elle, mais elle n'a pas osé lui en parler pendant des semaines. Finalement, elle a décidé de choisir un moment où ils étaient tranquilles, lors d'une balade dans un parc, pour aborder le sujet. Cette approche permet de créer une atmosphère propice à la discussion sans mettre de pression immédiate.

Une fois que vous avez choisi le bon moment, il est important de vous préparer à cette conversation en étant clair(e) sur vos propres sentiments. Avant de demander à l'autre personne ce qu'elle ressent, vous devez être en mesure de partager ce que vous ressentez vous-même. Cela ne signifie pas que vous devez avoir toutes les réponses ou que vous devez être absolument certain(e) de vos sentiments, mais vous devez savoir où vous en êtes suffisamment pour que la conversation soit honnête et productive.

Pour Chloé, cela signifiait réfléchir à ses propres sentiments avant de parler à Maxime. Elle savait qu'elle tenait beaucoup à lui, mais elle n'était pas sûre de vouloir une relation amoureuse. En reconnaissant cette incertitude, elle a pu aborder la discussion avec plus de clarté et éviter de donner l'impression qu'elle attendait une réponse immédiate de Maxime.

Lorsque vous entamez la conversation, la manière dont vous présentez vos pensées est cruciale. Il est important de ne pas accuser l'autre personne ou de ne pas supposer ce qu'elle ressent. Utiliser des phrases comme « **Je ressens que notre relation a évolué** » ou « **Je me pose des questions sur la nature de notre relation** » permet d'ouvrir la discussion sans mettre l'autre personne sur la défensive. Cela invite l'autre à partager son point de vue sans avoir l'impression qu'il/elle doit répondre à une déclaration de sentiments non partagés.

Essayons de garder un ton calme et respectueux pendant notre discussion. Même si vous ressentez une certaine anxiété à propos de la réponse que vous allez recevoir, vous devez vous rappeler que l'objectif est de clarifier les choses, pas d'imposer un résultat. Si l'autre personne ne partage pas vos sentiments romantiques, cela peut être difficile à entendre, mais il vaut mieux le savoir pour pouvoir avancer, plutôt que de rester dans le doute.

L'écoute active est également cruciale pendant cette conversation. Laissez l'autre personne s'exprimer sans l'interrompre, et assurez-vous de montrer que vous comprenez ses émotions, même si elles ne correspondent pas aux vôtres. Cela permet d'éviter que la discussion ne devienne un débat ou une confrontation. Une relation saine, qu'elle soit amicale ou amoureuse, repose sur la capacité des deux personnes à se sentir entendues et respectées.

Une bonne approche consiste à rester flexible. Il se peut que la conversation ne mène pas à une réponse immédiate ou définitive. Parfois, la discussion permet simplement de poser des bases pour réfléchir et revenir sur le sujet plus tard. Dans le cas de Chloé et Maxime, leur conversation n'a pas immédiatement débouché sur une relation amoureuse. Au contraire, ils ont pris le temps de réfléchir à leurs sentiments, et leur relation a évolué naturellement après cette première discussion.

Aborder une conversation délicate sur la nature d'une relation peut sembler effrayant, mais en choisissant le bon moment, en étant honnête avec vous-même et en restant ouvert(e) à la réponse de l'autre personne, vous pouvez clarifier les choses et avancer dans une direction plus claire. Quelle que soit l'issue, une conversation ouverte et bienveillante est toujours préférable aux non-dits et aux malentendus.

3.2 L'importance de clarifier les attentes de chaque personne

Dans une relation ambiguë, le manque de clarté quant aux attentes de chaque personne peut entraîner des malentendus, des frustrations, et parfois même la rupture de la relation. Clarifier les attentes est une étape essentielle pour sortir de la zone grise et créer une base solide, que vous souhaitiez rester amis ou explorer une relation amoureuse. Cela permet de réduire l'incertitude et d'éviter de fausses suppositions, qui peuvent souvent mener à des situations blessantes.

Le principal problème lorsqu'une relation n'est pas clairement définie est que chacun peut avoir des attentes différentes. Vous pouvez vous sentir confus(e) et vous demander si l'autre personne envisage la même chose que vous, ou si elle perçoit la relation d'une manière totalement différente. En restant dans le flou, vous risquez de créer des attentes non exprimées qui peuvent mener à la déception. Ce décalage est fréquent dans les relations ambiguës, car les signaux envoyés peuvent être mal interprétés ou simplement ignorés.

Prenons l'exemple d'Élodie et Pierre. Ils étaient amis proches depuis quelques années et passaient beaucoup de temps ensemble. Élodie avait commencé à développer des sentiments pour Pierre, mais n'avait jamais osé lui en parler, croyant qu'il partageait peut-être les mêmes sentiments sans jamais l'exprimer. Pierre, de son côté, appréciait énormément leur amitié mais n'avait jamais pensé à aller plus loin. Cette divergence dans leurs attentes a fini par créer des tensions silencieuses, car Élodie s'attendait à plus d'attention et d'intimité, tandis que Pierre se comportait simplement en bon ami. Leurs attentes non clarifiées ont provoqué une frustration croissante chez Élodie, qui a commencé à douter de leur relation, pensant qu'elle était ignorée ou négligée.

Pour éviter les problèmes, on doit parler ouvertement de nos attentes. La première étape consiste à reconnaître que vos attentes peuvent évoluer avec le temps, surtout si vous ressentez que la relation est devenue plus intense ou plus profonde. Il est naturel que vos besoins et désirs changent, mais les exprimer clairement est la clé pour éviter toute confusion.

Cette clarification ne doit pas nécessairement être une conversation formelle et sérieuse, mais elle doit se faire dans un climat de bienveillance et de respect. Veillez à ce que l'autre personne se sente à l'aise et non pressurée. Utiliser des phrases comme « **Je me pose des questions sur la direction que prend notre relation** » ou « **Comment tu te sens par rapport à nous?** » peut ouvrir la discussion sans forcer l'autre à une réponse immédiate ou définitive. Cela permet de clarifier si les deux personnes sont sur la même longueur d'onde, ou si un ajustement des attentes est nécessaire.

Une autre raison pour laquelle il est si important de clarifier les attentes est d'éviter les scénarios de « **faux espoirs** ». Dans certaines relations ambiguës, l'un des deux partenaires peut nourrir des espoirs que la relation se transforme en romance, tandis que l'autre n'envisage cette relation que dans le cadre de l'amitié. Si ces attentes ne sont pas discutées, celui ou celle qui espère plus peut finir par se sentir blessé(e) ou trahi(e), même si l'autre personne n'a jamais explicitement promis quelque chose de plus.

Voyons un exemple concret avec Léa et Samir. Samir espérait secrètement que leur amitié se transformerait en une relation amoureuse. À chaque fois qu'ils partageaient un moment agréable, il voyait cela comme un signe que Léa s'intéressait à lui de manière romantique. Mais pour Léa, leur relation était purement amicale. Elle ne se doutait pas que Samir entretenait des attentes différentes. Le jour où elle a commencé à fréquenter quelqu'un d'autre, Samir s'est senti profondément déçu et blessé. Si leurs attentes avaient été clarifiées dès le départ, Samir aurait peut-être pu ajuster ses attentes et éviter cette frustration.

Clarifier les attentes aide également à renforcer la confiance dans la relation, qu'elle soit amicale ou amoureuse. En sachant où se situe l'autre personne, vous pouvez ajuster votre comportement et vos sentiments en conséquence, sans avoir à deviner ce que l'autre ressent. Cette transparence permet de construire une relation sur des bases solides et honnêtes, en éliminant les ambiguïtés qui pourraient nuire à la relation à long terme.

Clarifier les attentes dans une relation ambiguë est une étape essentielle pour éviter les malentendus et les déceptions. Que vous espériez approfondir une amitié ou explorer une dimension romantique, cette discussion est une opportunité de poser des bases claires et de respecter les besoins et les désirs de l'autre. En ouvrant le dialogue et en étant honnête sur vos propres attentes, vous pouvez créer une relation basée sur la confiance, l'honnêteté, et la compréhension mutuelle.

3.3 Gérer les malentendus et éviter les non-dits

Dans toute relation, qu'elle soit amicale ou amoureuse, les malentendus et les non-dits peuvent causer des tensions et créer un climat de confusion. Dans une relation ambiguë, ces deux pièges deviennent encore plus fréquents, car l'incertitude sur les intentions et les attentes de chacun laisse souvent place à des interprétations erronées. Gérer ces malentendus et éviter les non-dits est essentiel pour préserver l'intégrité de la relation et éviter des blessures émotionnelles inutiles.

Les malentendus surviennent souvent lorsque les actions ou les paroles d'une personne sont interprétées différemment par l'autre. Cela peut être particulièrement délicat dans une relation ambiguë, où chaque geste ou mot peut être vu comme un signe d'intérêt romantique, ou au contraire, d'un rejet. Par exemple, une simple attention amicale, comme offrir un cadeau ou passer du temps ensemble, peut être perçue comme un signe d'attirance par l'une des personnes, alors que pour l'autre, cela ne dépasse pas le cadre de l'amitié. Ces malentendus créent des attentes non partagées et peuvent conduire à des déceptions.

Réfléchissons au cas de Laura et Thomas. Amis proches depuis plusieurs années, Laura a récemment développé des sentiments pour Thomas. Lorsqu'il lui offre un petit cadeau pour son anniversaire, Laura interprète cela comme un signe que Thomas pourrait également être intéressé par une relation amoureuse. De son côté, Thomas n'avait aucune intention romantique derrière ce geste; il s'agissait simplement d'un cadeau amical. Ce type de malentendu est courant dans les relations ambiguës, et s'il n'est pas rapidement clarifié, il peut créer une fausse attente chez Laura, qui risque d'être déçue si elle apprend plus tard que Thomas ne partage pas ses sentiments.

Pour gérer ce genre de malentendus, la communication ouverte est la clé. Cela peut sembler évident, mais dans les relations ambiguës, il est facile de tomber dans le piège de l'auto-interprétation plutôt que d'avoir une conversation honnête. Si vous sentez qu'un geste ou une parole a créé une confusion, il est préférable de poser des questions pour comprendre l'intention réelle derrière. Cela ne signifie pas qu'il faille analyser chaque petite action, mais lorsque les signaux sont contradictoires ou lorsque vous ressentez une incertitude, demander directement à l'autre personne peut vous éviter bien des soucis. Des phrases comme « **Je me suis demandé ce que tu voulais dire par là** » ou « **Comment vois-tu notre relation?** » peuvent ouvrir un dialogue qui permet de dissiper les malentendus avant qu'ils ne s'accumulent.

Les non-dits, quant à eux, sont tout aussi problématiques. Ce sont ces pensées ou sentiments que nous préférons garder pour nous, souvent par peur de blesser l'autre ou de mettre la relation en péril. Dans une relation ambiguë, les non-dits sont particulièrement dangereux, car ils créent un espace où chacun interprète le silence de l'autre comme il le souhaite. Par exemple, si vous ressentez des sentiments amoureux mais que vous n'en parlez pas, l'autre personne peut penser que vous ne ressentez rien de spécial. À l'inverse, si vous vous demandez si l'autre personne partage vos sentiments mais que vous n'osez pas lui poser la question, vous risquez de rester dans l'incertitude indéfiniment.

Un autre exemple est celui de Marc et Camille. Marc commence à se sentir attiré par Camille, mais il a peur de lui en parler, de crainte de ruiner leur amitié. De son côté, Camille se demande si Marc ressent quelque chose pour elle, mais elle ne veut pas paraître vulnérable en abordant le sujet. Ce silence mutuel crée une tension sous-jacente qui pourrait être évitée s'ils prenaient le temps d'avoir une conversation honnête. Les non-dits finissent souvent par peser lourdement sur la relation, car ils amplifient les doutes et les insécurités.

Comment éviter les non-dits dans une relation ambiguë? Il est nécessaire d'instaurer un climat de confiance où chacun se sent libre d'exprimer ses sentiments et ses pensées sans craindre le jugement ou le rejet. Cela ne signifie pas que vous devez tout dire immédiatement, mais que lorsque quelque chose pèse sur votre cœur ou crée des doutes, il est préférable de l'exprimer plutôt que de laisser le silence s'installer. Les discussions difficiles sont souvent inconfortables sur le moment, mais elles sont indispensables pour maintenir une relation saine et claire.

Gérer les malentendus et éviter les non-dits demande de la communication, du courage et de la bienveillance. Les relations ambiguës peuvent facilement devenir un terrain fertile pour les quiproquos si l'on ne prend pas le temps de clarifier les choses. En adoptant une attitude ouverte et honnête, vous pouvez éviter de nombreuses frustrations et construire une relation plus authentique, fondée sur la compréhension mutuelle plutôt que sur les suppositions.

3.4 Comment protéger l'amitié si les sentiments ne sont pas réciproques

Lorsqu'une relation amicale glisse dans la zone grise, il peut arriver que l'un des deux développe des sentiments amoureux, tandis que l'autre continue à voir la relation uniquement comme une amitié. Cette asymétrie des sentiments est délicate, mais elle n'a pas à signer la fin de la relation. Avec de la compréhension, de la communication, et une bonne dose de respect mutuel, il est tout à fait possible de protéger l'amitié même si les sentiments ne sont pas réciproques.

Pour préserver votre amitié, l'honnêteté est primordiale. Il vaut mieux exprimer vos sentiments évolués plutôt que de laisser les non-dits créer de la distance et de la frustration.

Prenons l'exemple d'Antoine et Marie. Antoine a développé des sentiments pour Marie, mais a choisi de ne rien dire pendant plusieurs mois. La jalousie qu'il ressentait envers les autres hommes dans la vie de Marie a mis à mal leur relation. Lorsque Marie a remarqué qu'Antoine était plus distant, elle s'est interrogée sur les raisons de ce comportement. Finalement, Antoine a décidé de lui parler de ses sentiments, et même si Marie ne ressentait pas la même chose, cette conversation a permis de dissiper les malentendus et de rétablir une relation plus saine entre eux.

Lors de cette conversation, la manière d'aborder le sujet est cruciale. Ne blâmez pas l'autre si vous n'êtes pas sur la même longueur d'onde. Au contraire, il faut exprimer vos émotions tout en montrant que vous comprenez que l'amitié est précieuse, et que vous respectez son point de vue. En faisant cela, vous donnez à votre ami(e) l'espace nécessaire pour réagir sans se sentir sous pression.

Si les sentiments ne sont pas réciproques, il est important d'adapter la relation. Celui ou celle qui est amoureux(se) doit accepter cette réalité et prendre du recul pour retrouver un équilibre émotionnel. Cela implique de réajuster la dynamique de la relation sans pour autant la rompre.

Décrivons la situation de Julie et Thomas. Lorsque Julie a avoué ses sentiments à Thomas, il a été honnête avec elle et lui a expliqué qu'il ne ressentait pas la même chose. Julie a décidé de prendre un peu de recul pour se recentrer et retrouver un équilibre émotionnel. Pendant quelques semaines, ils ont réduit leur fréquence de sorties, ce qui a permis à Julie de gérer ses émotions sans ressentir une pression constante. Grâce à cette période de transition, ils ont pu retrouver leur complicité amicale, et Julie a réussi à transformer ses sentiments amoureux en une affection plus amicale.

Pour l'ami(e) qui ne partage pas les mêmes sentiments, il est tout aussi important de réagir avec bienveillance et empathie. Rejeter brutalement les sentiments de l'autre ou ignorer la situation peut créer une distance émotionnelle difficile à surmonter. Au lieu de cela, reconnaître les sentiments de l'autre tout en affirmant clairement que l'amitié est ce qui compte le plus permet de montrer que vous êtes prêt(e) à préserver la relation dans un cadre qui respecte les besoins de chacun. Cette approche favorise un climat de respect mutuel.

Définissez vos limites pour prévenir les remises en question inutiles. Si vous savez que l'autre personne a des sentiments pour vous, il peut être utile d'éviter des situations ambiguës, comme des sorties en tête-à-tête trop fréquentes ou des gestes d'affection qui pourraient être mal interprétés. Clarifier les attentes de chaque côté et ajuster la dynamique de la relation peut aider à éviter que la personne qui a des sentiments ne revive constamment cette ambiguïté. Cela ne signifie pas que l'amitié doit devenir froide ou distante, mais simplement que chacun doit être attentif à ce que ses gestes et ses actions ne créent pas de confusion.

Pour protéger l'amitié lorsque les sentiments ne sont pas réciproques, il est donc essentiel d'adopter une approche bienveillante et ouverte, où l'honnêteté et le respect mutuel sont primordiaux. Il est possible de traverser cette période d'incertitude en renforçant la relation, à condition que chacun soit à l'écoute des besoins de l'autre et prêt à ajuster la dynamique de la relation pour préserver cette amitié précieuse.

Même si les sentiments ne sont pas réciproques, l'amitié peut non seulement survivre, mais aussi s'épanouir si les deux personnes sont prêtes à respecter les sentiments de l'autre et à ajuster leurs attentes. La clé réside dans une communication honnête, l'établissement de limites saines et un respect mutuel constant.

CHAPITRE 4: NAVIGUER DANS LA ZONE GRISE SANS PERDRE L'AMITIÉ

4.1 Comment maintenir une amitié malgré l'attirance romantique

Naviguer dans une relation où l'attirance romantique s'est installée tout en essayant de maintenir une amitié peut être un véritable défi. Lorsque des sentiments amoureux s'entremêlent avec une amitié solide, il est naturel de ressentir une certaine confusion. Il est tout à fait possible de préserver cette amitié malgré l'attirance romantique, à condition d'adopter des stratégies claires et de faire preuve de maturité émotionnelle.

La première étape pour maintenir l'amitié malgré l'attirance est de reconnaître ces sentiments, à la fois pour soi-même et pour l'autre. Plutôt que d'ignorer l'attirance ou de la réprimer, il est souvent préférable de l'accepter comme une réalité de votre relation. L'attirance ne signifie pas nécessairement que vous devez agir en conséquence. Il est possible d'éprouver des sentiments romantiques tout en choisissant de ne pas les laisser dominer votre relation. Ce processus d'acceptation permet de rester honnête envers soi-même et de ne pas laisser ces sentiments se transformer en frustration ou en ressentiment.

Prenons en considération l'exemple de Sophie et Karim. Ils sont amis depuis plusieurs années, mais Sophie a récemment commencé à ressentir une attirance pour Karim. Plutôt que de nier ses sentiments, elle les a acceptés, tout en sachant qu'elle ne voulait pas risquer leur amitié en poursuivant une relation amoureuse. En reconnaissant cette attirance et en la plaçant dans un contexte amical, Sophie a pu gérer ses émotions avec plus de clarté et moins de stress.

Si vous sentez que votre attirance pourrait changer votre relation, il faut en parler ouvertement avec l'autre personne. Cette conversation peut être délicate, mais elle est nécessaire pour établir des limites claires et éviter les malentendus. Si l'autre personne n'est pas au courant de vos sentiments, il peut continuer à agir de manière innocente, ne réalisant pas que certains de ses gestes ou paroles pourraient renforcer votre attirance. En ayant une discussion honnête, vous pouvez établir des règles qui permettent de maintenir l'amitié tout en respectant vos émotions.

Un autre aspect important pour préserver l'amitié est d'apprendre à gérer l'attirance sans la laisser envahir chaque aspect de la relation. Cela signifie ne pas se concentrer sur les signes d'une possible romance à chaque interaction. Il est facile de tomber dans le piège de suranalyser chaque geste, chaque mot ou chaque regard, en se demandant constamment si l'autre personne partage vos sentiments. Cette approche peut rapidement devenir épuisante et nuire à la relation. À la place, il est préférable de se concentrer sur les aspects positifs de l'amitié: les moments de partage, le soutien mutuel, et la complicité.

L'un des moyens les plus efficaces de maintenir l'amitié est de trouver un équilibre en diversifiant vos interactions. Si vous passez beaucoup de temps ensemble en tête-à-tête, cela peut renforcer l'attirance. Il peut être utile de s'engager dans des activités en groupe ou de passer du temps avec d'autres amis. Cela permet de continuer à nourrir l'amitié tout en évitant de créer des moments où l'attirance pourrait dominer.

Citons le cas de Pierre et Emma. Emma avait développé une attirance pour Pierre, mais elle ne voulait pas risquer leur amitié. Elle a donc choisi d'intégrer plus d'activités de groupe dans leur relation, en invitant d'autres amis à se joindre à eux lorsqu'ils sortaient. Cela a aidé Emma à maintenir un certain équilibre, en renforçant la nature amicale de leur relation plutôt que de nourrir des sentiments romantiques non réciproques.

La gestion de l'attirance romantique passe également par la capacité à faire la part des choses entre l'amitié et les émotions amoureuses. Cela implique de reconnaître que l'amitié a sa propre valeur, indépendante de l'attirance. Vous pouvez choisir de chérir cette amitié sans chercher à la transformer en quelque chose d'autre. C'est un choix délibéré de privilégier le lien que vous avez construit sur le long terme, plutôt que de courir après une romance qui pourrait ne pas être réciproque ou durable.

N'oublions pas que l'attirance romantique est susceptible d'évoluer avec le temps. Avec le temps, ces sentiments peuvent évoluer ou s'atténuer. En étant patient(e) et en ne laissant pas l'attirance prendre toute la place dans la relation, vous permettez à l'amitié de continuer à se développer de manière saine. Parfois, ce que vous ressentez comme une attirance peut n'être qu'une phase, une réaction à la proximité émotionnelle que vous partagez avec cette personne.

Maintenir une amitié malgré l'attirance romantique est un exercice d'équilibre et de maturité émotionnelle. En reconnaissant vos sentiments, en les gérant de manière saine, et en établissant des limites claires, vous pouvez préserver l'amitié tout en respectant vos propres émotions. Il est tout à fait possible de continuer à chérir une relation amicale, même lorsque l'attirance s'immisce, à condition de prioriser la sincérité et le respect mutuel.

4.2 Gérer les tensions sexuelles et les désirs non partagés

Dans une relation où l'ambiguïté entre amitié et attirance romantique s'installe, il peut arriver que des tensions sexuelles et des désirs non partagés apparaissent. Ces tensions peuvent être complexes à gérer, car elles touchent à des émotions profondes et souvent non verbalisées. Néanmoins, il est tout à fait possible de surmonter ces défis et de préserver une amitié sincère et respectueuse, même en présence de désirs asymétriques.

La première étape pour gérer ces tensions est de reconnaître leur existence. Ignorer ou nier les désirs sexuels qui peuvent se développer dans une amitié risque de rendre la situation encore plus difficile à vivre, tant pour vous que pour l'autre personne. Accepter ces émotions ne signifie pas que vous devez agir en conséquence, mais cela permet de ne pas les laisser s'accumuler en non-dits qui peuvent créer du malaise ou des frustrations dans la relation.

Un exemple parlant est celui de Nicolas et Lucie. Nicolas ressentait une attirance physique pour Lucie, mais savait qu'elle ne partageait pas les mêmes désirs. Pendant un certain temps, il a tenté d'ignorer ces sentiments, pensant qu'ils finiraient par disparaître. Cette stratégie a eu l'effet inverse: plus il réprimait ses désirs, plus il devenait distant avec Lucie, ce qui a finalement provoqué une tension entre eux. En reconnaissant son attirance, Nicolas a pu prendre du recul et réfléchir à la meilleure manière de préserver leur amitié sans laisser ces tensions affecter leur complicité.

Il est aussi essentiel de gérer les attentes liées à ces désirs non partagés. Si vous ressentez une attirance sexuelle envers un(e) ami(e), il est important de ne pas présumer que l'autre personne ressentira la même chose ou que ces sentiments doivent nécessairement être réciproques. La communication est ici un outil fondamental. Bien que la conversation puisse sembler inconfortable, aborder honnêtement vos sentiments peut permettre de clarifier la situation et d'éviter des malentendus ou des frustrations.

Cela ne signifie pas que vous devez aborder directement le sujet de l'attirance sexuelle si cela semble trop brusque, mais des conversations subtiles sur la nature de votre relation peuvent offrir des indices sur les attentes de chacun. Par exemple, en abordant le sujet de manière plus générale – « **Comment vois-tu notre relation?** » ou « **Est-ce que tu te sens à l'aise avec nous deux?** » – vous pouvez créer un espace où ces tensions peuvent être discutées sans pression.

Dans le cas de Lucie et Nicolas, après que Nicolas eut pris conscience de ses sentiments, il a abordé le sujet avec Lucie. Ils ont eu une discussion honnête sur la nature de leur relation, et Lucie a réaffirmé son souhait de rester dans une amitié purement platonique. Cela a permis à Nicolas de redéfinir ses attentes et de se concentrer sur la valeur de leur amitié, sans chercher à combler un désir non partagé.

Une autre approche pour gérer les tensions sexuelles est de poser des limites claires. Lorsque des désirs non partagés sont en jeu, certaines actions ou comportements peuvent exacerber ces tensions. Établir des limites physiques et émotionnelles peut aider à créer un cadre de respect mutuel. Par exemple, si vous savez que des moments d'intimité physique, comme des câlins ou des sorties en tête-à-tête, créent une confusion ou intensifient les désirs, il peut être utile de limiter ces interactions afin de préserver un équilibre plus sain.

Un cas fréquent est celui de Clara et Julien. Clara ressentait une forte attirance physique pour Julien, mais elle savait que Julien ne partageait pas ce sentiment. Elle a pris la décision de poser des limites, en évitant les sorties trop intimes ou les conversations tardives qui pouvaient alimenter ses espoirs. En prenant cette décision, Clara a pu gérer ses émotions tout en préservant leur relation amicale.

Comprenez que les tensions sexuelles ne signifient pas forcément la fin d'une amitié. Ces émotions font partie de l'expérience humaine, et il est tout à fait possible de les surmonter avec le temps et la patience. Souvent, les désirs non partagés peuvent s'atténuer à mesure que vous apprenez à apprécier l'autre personne sous un angle différent. En renforçant les aspects non sexuels de la relation – le soutien, la complicité, les activités partagées – vous pouvez rééquilibrer vos émotions et retrouver une amitié plus sereine.

L'une des meilleures stratégies pour gérer les tensions sexuelles est de se rappeler de l'importance de l'amitié. Il est facile de se laisser emporter par l'attirance, mais en prenant du recul, vous pouvez vous rappeler que l'amitié a sa propre valeur intrinsèque, indépendante des désirs physiques. En vous concentrant sur ce qui vous a rapprochés en tant qu'amis – les valeurs communes, les souvenirs partagés, le soutien émotionnel – vous pouvez renforcer cette base et surmonter les tensions passagères.

Gérer les tensions sexuelles et les désirs non partagés dans une relation ambiguë nécessite du discernement, de la communication et des limites claires. Ces tensions peuvent être délicates à vivre, mais elles ne doivent pas nécessairement marquer la fin d'une amitié. En étant honnête avec vous-même et avec l'autre personne, vous pouvez trouver des moyens de préserver et de renforcer la relation, tout en respectant les émotions et les désirs de chacun.

4.3 L'art de poser des limites sans briser la relation

Dans toute relation ambiguë où l'amitié et l'attirance romantique se mélangent, la capacité de poser des limites devient une compétence précieuse pour préserver la connexion tout en évitant les malentendus. Poser des limites ne signifie pas créer de la distance ou couper des liens, mais plutôt définir des règles claires qui permettent à chacun de se sentir respecté et à l'aise dans la relation. Trouver cet équilibre délicat est essentiel pour protéger l'amitié tout en gérant les émotions plus complexes qui peuvent surgir.

La première étape pour poser des limites consiste à comprendre vos propres besoins et attentes. Dans une relation où l'attirance peut être un facteur, il est facile de se laisser emporter par des émotions intenses sans vraiment réfléchir à ce que vous attendez de la relation. Prenez le temps de réfléchir à ce qui vous met mal à l'aise, à ce que vous aimeriez éviter et à ce que vous attendez de l'autre personne. En étant clair avec vous-même, vous serez mieux préparé(e) à établir des limites qui protégeront à la fois vos sentiments et l'intégrité de la relation.

Un cas de référence est celui de Claire et Julien. Claire ressentait de plus en plus d'attirance pour Julien, mais elle savait que cela risquait de créer des tensions entre eux. Elle a donc décidé de prendre du recul et de réfléchir à ses besoins. Elle s'est rendu compte qu'elle avait besoin de limiter certaines interactions, comme les soirées en tête-à-tête, pour éviter d'intensifier ses sentiments. Claire a compris que poser des limites l'aiderait à maintenir leur amitié sans laisser ses émotions prendre le dessus.

La communication est la clé pour poser des limites de manière saine et respectueuse. En discutant de ce sujet, soyez sincère tout en étant attentif aux sentiments de l'autre. Il ne s'agit pas de donner un ultimatum ou de faire sentir à l'autre qu'il/elle a franchi une limite, mais plutôt d'expliquer pourquoi ces limites sont nécessaires pour préserver la relation. Vous pouvez formuler vos besoins de manière positive, en vous concentrant sur l'importance de maintenir la relation dans un cadre qui convient à chacun.

Dans l'exemple de Claire, elle a choisi d'aborder le sujet avec Julien en toute sincérité. Elle lui a expliqué qu'elle appréciait énormément leur amitié, mais qu'elle ressentait le besoin de poser certaines limites pour éviter de confondre ses sentiments. Julien a compris la démarche de Claire et a respecté ses besoins. Cette conversation a permis à leur relation de se poursuivre dans un cadre plus sain et équilibré.

Une autre stratégie efficace pour poser des limites sans briser la relation est de rester flexible. Les limites ne sont pas nécessairement figées, elles peuvent évoluer avec le temps en fonction des circonstances. Il est important de faire preuve de souplesse et d'adapter les règles en fonction de la situation. Si vous trouvez que certaines limites ne fonctionnent pas ou qu'elles créent plus de distance que nécessaire, n'hésitez pas à les ajuster. Parfois, de petites modifications peuvent suffire pour maintenir un équilibre sans sacrifier la qualité de la relation.

Voyons l'histoire de Thomas et Léa. Léa avait initialement fixé des limites strictes pour éviter toute ambiguïté entre eux, comme éviter les contacts physiques ou les sorties trop fréquentes. Au fil du temps, elle s'est rendu compte que ces limites créaient une certaine distance émotionnelle, ce qui commençait à affecter leur complicité. Après avoir discuté avec Thomas, elle a ajusté ses limites en fonction de ce qui leur convenait à tous les deux, ce qui a permis à leur relation de se renforcer.

Voyez les limites non pas comme des obstacles, mais comme des moyens de préserver votre relation. Poser des limites montre que vous avez du respect pour l'autre et pour la relation que vous partagez. Il ne s'agit pas de créer de la distance émotionnelle, mais de créer un espace où chacun peut se sentir en sécurité et respecté, sans risquer de franchir des lignes qui pourraient créer des blessures émotionnelles.

Soyez à l'écoute de l'autre personne. Poser des limites ne signifie pas imposer des règles unilatéralement, mais plutôt engager une discussion où chacun a l'opportunité de s'exprimer. En écoutant les besoins de l'autre, vous pouvez mieux comprendre ce qui est nécessaire pour maintenir l'équilibre dans la relation. Cela permet également d'éviter que les limites ne créent de la frustration ou du ressentiment. Une relation saine repose sur un dialogue ouvert et respectueux, où chacun se sent entendu et compris.

L'art de poser des limites dans une relation ambiguë repose sur la communication, l'adaptation et le respect mutuel. En définissant des règles claires tout en restant flexible, vous pouvez protéger l'amitié sans risquer de créer des tensions inutiles. Poser des limites, c'est avant tout prendre soin de la relation, en veillant à ce que les deux personnes puissent s'épanouir dans un cadre sain et respectueux. Avec de la sincérité et du tact, vous pouvez maintenir une relation forte et authentique, même lorsque des émotions complexes sont en jeu.

4.4 Les clés pour préserver une amitié solide dans la zone grise

Naviguer dans la zone grise, où les limites entre amitié et attirance romantique sont floues, peut mettre à l'épreuve la solidité de la relation. Il est tout à fait possible de préserver une amitié forte et durable malgré les tensions émotionnelles ou l'ambiguïté. Avec quelques clés essentielles, vous pouvez surmonter ces défis tout en protégeant les fondations de votre amitié.

La première clé pour préserver une amitié solide est la *communication ouverte et honnête*. Dans une relation où les frontières sont floues, les malentendus sont souvent à l'origine de la détérioration de la relation. Discuter franchement de vos sentiments, de vos attentes et des limites que vous souhaitez établir permet d'éviter les malentendus et de créer un environnement de confiance. Parler de l'ambiguïté de la relation n'est pas toujours facile, mais c'est nécessaire pour éliminer la confusion.

Revenons sur l'histoire de Marc et Justine, qui étaient amis proches depuis plusieurs années. Marc commençait à ressentir des sentiments pour Justine, mais ne savait pas comment aborder la situation. En discutant ouvertement de ses sentiments et en écoutant la perspective de Justine, ils ont pu établir des limites claires et maintenir leur amitié sans que la tension émotionnelle ne compromette leur relation. Grâce à cette communication honnête, ils ont pu naviguer dans la zone grise sans briser le lien qui les unissait.

La deuxième clé consiste à *poser des limites respectueuses*. Les limites sont essentielles pour protéger les émotions des deux personnes et éviter des situations qui pourraient accentuer la confusion ou la tension. Ces limites peuvent être physiques (éviter les gestes d'affection trop intimes), émotionnelles (éviter les conversations ambivalentes qui pourraient être mal interprétées), ou temporelles (ne pas passer tout votre temps ensemble). Établir des frontières permet de créer une base claire et de maintenir une dynamique saine dans la relation.

Dans un autre exemple, Anne et Thomas avaient des sentiments différents l'un pour l'autre. Pour préserver leur amitié, ils ont décidé de limiter les discussions trop personnelles sur leurs vies amoureuses respectives, car cela avait tendance à raviver des sentiments non réciproques. En posant cette limite, ils ont pu maintenir une relation amicale harmonieuse tout en évitant les situations qui pouvaient susciter de la jalousie ou de la frustration.

La *bienveillance et l'empathie* sont également des éléments cruciaux pour préserver une amitié dans la zone grise. Il est important de se rappeler que l'autre personne peut traverser des moments d'incertitude ou de confusion similaires. Faire preuve de compréhension et de patience, même si l'amitié traverse des périodes de tension, permet de renforcer le lien. Si l'un des deux amis éprouve des sentiments romantiques non partagés, l'autre doit faire preuve de sensibilité face à cette situation délicate.

Plongeons dans l'histoire de Laura et Maxime. Laura avait des sentiments pour Maxime, mais il ne partageait pas les mêmes émotions. Plutôt que d'ignorer les sentiments de Laura, Maxime a fait preuve d'empathie en reconnaissant ses émotions et en s'assurant de ne pas lui donner de faux espoirs. Grâce à cette approche bienveillante, ils ont pu maintenir leur amitié sans que les sentiments de Laura ne la menacent.

Une autre clé pour préserver une amitié dans la zone grise est *d'éviter les situations ambiguës ou ambiguës*. Il est facile, dans une relation où l'ambiguïté règne, de laisser certaines actions ou situations renforcer les malentendus. Par exemple, des gestes comme les câlins fréquents, les compliments ambigus ou passer trop de temps seul à seul peuvent accentuer l'ambiguïté. Il est important d'être attentif à ces signaux et de prendre soin de ne pas renforcer cette confusion.

Pour cela, il est souvent utile de *varier vos interactions*. Si vous passez habituellement du temps ensemble en tête-à-tête, essayez d'intégrer d'autres amis dans vos activités. Cela réduit la probabilité que l'un des deux interprète mal la situation ou développe des attentes romantiques. Le fait d'élargir vos interactions renforce l'amitié en tant que groupe et vous aide à maintenir un équilibre émotionnel.

Prendre soin de soi émotionnellement est une étape clé pour préserver une amitié dans la zone grise. Si vous êtes amoureux(se), prenez le temps de faire le point sur vous-même et de prendre du recul si besoin. Cela peut impliquer de passer un peu moins de temps avec l'autre personne ou de trouver des activités qui vous permettent de gérer vos émotions de manière saine. S'occuper de soi permet de garder une perspective plus objective sur la relation et d'éviter de vous perdre dans des sentiments non réciproques.

Préserver une amitié solide dans la zone grise demande de la communication, des limites claires, de l'empathie et des efforts constants pour éviter les situations ambiguës. Avec ces outils, il est possible de maintenir un lien profond et sincère, même dans des contextes où l'ambiguïté pourrait menacer la stabilité de la relation. En prenant soin de vous et en restant respectueux des besoins de l'autre, vous pouvez transformer cette ambiguïté en une opportunité de renforcer votre amitié sur le long terme.

CHAPITRE 5: DÉCIDER SI VOUS DEVEZ FRANCHIR LE PAS

5.1 Comment évaluer si vous voulez transformer une amitié en relation amoureuse

Passer d'une amitié à une relation amoureuse est une décision majeure qui peut redéfinir votre lien avec l'autre personne, pour le meilleur ou pour le pire. Il est donc essentiel de bien évaluer vos sentiments, vos attentes, et la solidité de l'amitié avant de faire ce saut. Le chemin entre amis et amants peut être compliqué, mais avec un peu de réflexion et une analyse honnête de la situation, vous pouvez déterminer si transformer une amitié en relation amoureuse est la bonne décision pour vous deux.

La première question à vous poser est: *vos sentiments sont-ils réels et durables*? Une attirance passagère, causée par une proximité émotionnelle ou des moments intenses partagés, peut parfois être confondue avec des sentiments amoureux plus profonds. Avant de franchir le pas, prenez le temps de réfléchir à l'évolution de vos émotions. Est-ce que ces sentiments ont duré dans le temps, ou s'agit-il d'un désir soudain, peut-être lié à une période de vulnérabilité ou de solitude? Une amitié forte est souvent basée sur un amour platonique, et il est parfois facile de confondre cette affection avec de l'amour romantique. Si vos sentiments sont persistants et se renforcent, cela peut indiquer une base solide pour envisager une relation amoureuse.

Découvrons l'histoire de Paul et Sarah. Ils étaient amis proches depuis cinq ans, partageant des moments de complicité. Au fil du temps, Paul a commencé à ressentir quelque chose de plus profond pour Sarah, mais il n'était pas sûr si cela provenait d'un besoin de réconfort durant une période difficile ou si c'était le signe d'un amour réel. En prenant du recul et en réfléchissant à ses émotions, il a réalisé que ses sentiments pour Sarah avaient grandi de manière constante, et non pas seulement en réaction à un événement particulier dans sa vie.

Demandez-vous si *votre amitié peut survivre à une relation amoureuse*, même si celle-ci ne fonctionne pas. Entrer dans une relation romantique avec un(e) ami(e) comporte toujours le risque que la dynamique change de façon irréversible, notamment en cas de rupture. Il est important de réfléchir à la solidité de votre amitié et à votre capacité à la préserver si la relation amoureuse venait à échouer. Si vous et votre ami(e) avez déjà traversé des moments difficiles ensemble et que vous avez pu maintenir une relation de confiance, cela peut être un bon indicateur que votre lien pourrait résister à un éventuel échec amoureux.

Par exemple, Julie et Karim avaient une amitié très proche depuis plusieurs années. Ils se sont toujours soutenus dans les moments difficiles, et leur lien s'est renforcé au fil du temps. Quand Julie a commencé à ressentir des sentiments romantiques pour Karim, elle s'est interrogée sur la façon dont une relation amoureuse pourrait affecter leur amitié. Après avoir longuement réfléchi, elle s'est rendu compte que, même en cas d'échec amoureux, leur base amicale était assez forte pour perdurer.

Un autre élément à prendre en compte est *la réciprocité des sentiments*. Avant de passer d'une amitié à une relation amoureuse, assurez-vous que l'autre personne éprouve les mêmes sentiments. Il est tentant de faire le premier pas en espérant que l'autre réponde positivement, mais une relation amoureuse épanouie nécessite que les deux partenaires soient sur la même longueur d'onde émotionnelle. Avez-vous observé des signes que votre ami(e) pourrait être intéressé(e) de la même manière, ou cela reste-t-il une supposition? Si vous n'êtes pas sûr(e), il peut être judicieux d'aborder la question doucement, en ouvrant une discussion sur la nature de votre relation et sur les attentes de chacun.

Dans certains cas, les amis sont simplement heureux de rester dans une relation platonique et n'envisagent pas de franchir le pas. C'est ce qui s'est passé avec Lucas et Marion. Bien que Lucas ait développé des sentiments pour Marion, elle, en revanche, n'avait jamais envisagé leur relation sous un angle romantique. Après une conversation ouverte, Lucas a découvert que Marion préférait préserver leur amitié. Cette discussion honnête a permis à Lucas de prendre du recul et de continuer à apprécier leur lien amical.

Il est important de se poser la question de *ce que vous voulez vraiment de cette relation*. Transformer une amitié en relation amoureuse peut avoir des conséquences sur votre dynamique actuelle. Par exemple, certaines relations amicales offrent un soutien inconditionnel et une proximité émotionnelle sans les pressions et les attentes d'une relation amoureuse. Si vous franchissez le pas, êtes-vous prêt(e) à accepter les responsabilités et les défis supplémentaires que cela implique? Une vision claire de vos attentes vous permettra d'éviter de vous tromper de relation.

Transformer une amitié en relation amoureuse nécessite une évaluation honnête et réfléchie de vos sentiments, de la réciprocité des émotions et de la solidité de votre amitié. Il est possible que cette transformation renforce encore plus votre lien, mais elle comporte également des risques. En prenant le temps de comprendre vos attentes et celles de l'autre personne, vous serez mieux préparé(e) à prendre une décision éclairée et à protéger la relation, quelle que soit son évolution future.

5.2 Les risques et les bénéfices de franchir la frontière entre amis et amants

Franchir la frontière entre amis et amants peut être une décision remplie d'excitation, mais aussi de doutes et d'incertitudes. Cela implique d'explorer un nouveau territoire dans une relation qui, jusqu'à présent, était définie par la sécurité de l'amitié. Cette évolution peut entraîner des changements importants. Assurez-vous d'en comprendre toutes les implications.

Commençons par examiner les **bénéfices** potentiels de franchir cette frontière. L'une des raisons pour lesquelles beaucoup décident de tenter une relation amoureuse avec un(e) ami(e) est la solidité du lien déjà établi. Contrairement aux relations romantiques avec des inconnus, l'amitié repose sur une base de confiance, de compréhension et de respect mutuel qui a eu le temps de se développer. Ces qualités sont essentielles dans une relation amoureuse réussie, et en ce sens, une relation romantique issue d'une amitié peut bénéficier d'une profondeur et d'une stabilité accrues dès le départ.

Considérons le cas de Mathilde et Hugo. Après plusieurs années d'amitié, ils ont réalisé qu'ils partageaient non seulement des valeurs communes, mais aussi une véritable connexion émotionnelle. En choisissant de transformer leur amitié en une relation amoureuse, ils ont pu s'appuyer sur cette compréhension mutuelle pour construire une relation romantique solide, sans passer par les incertitudes et les insécurités souvent associées aux débuts des relations amoureuses.

Un autre bénéfice est la **compatibilité émotionnelle et pratique** qui existe souvent entre amis proches. Vous connaissez déjà les habitudes, les valeurs, et les traits de caractère de l'autre, ce qui peut réduire les surprises ou les conflits que l'on peut rencontrer en début de relation. Cela ne signifie pas que tout sera parfait, mais il est probable que vous compreniez mieux les besoins de l'autre, ce qui permet une communication plus fluide et une gestion plus sereine des conflits.

Vous devez être conscient(e) des risques liés à cette transition. Le premier risque majeur est la possibilité de perdre l'amitié si la relation amoureuse échoue. Contrairement à une relation avec un inconnu, une rupture avec un(e) ami(e) peut laisser des séquelles profondes, affectant non seulement la relation amoureuse, mais aussi la dynamique amicale. En cas de séparation, il peut être difficile de revenir à la relation initiale, car les émotions négatives liées à la rupture peuvent créer une distance ou des ressentiments difficiles à surmonter.

Un autre risque est que la **dynamique de pouvoir dans la relation** puisse changer. En amitié, il y a souvent un équilibre naturel, où chacun se sent sur un pied d'égalité. Dans une relation amoureuse, les attentes peuvent devenir différentes, et l'un des partenaires peut commencer à ressentir une forme de pression ou de déséquilibre émotionnel. Par exemple, si l'un des deux a développé des sentiments plus profonds plus rapidement que l'autre, cela peut créer une tension qui n'existait pas auparavant dans l'amitié.

Imaginons la situation de Camille et Antoine. Après avoir décidé de sortir ensemble, Camille s'est rapidement attachée à Antoine, mais ce dernier se sentait encore incertain quant à ses propres sentiments. Ce déséquilibre émotionnel a commencé à peser sur leur relation, car Camille attendait plus d'engagement, tandis qu'Antoine se sentait piégé. Cette situation a créé une pression qui a finalement mis fin à leur relation amoureuse, et malheureusement, leur amitié a également souffert.

Le risque de **changer la perception de l'autre** est aussi un point à considérer. En tant qu'amis, vous vous connaissez sous un certain angle, souvent en tant que confident(e) ou compagnon de partage. Une fois dans une relation amoureuse, les attentes peuvent changer, et des aspects de la personnalité qui n'étaient pas visibles auparavant peuvent apparaître. Par exemple, certaines habitudes qui étaient tolérées en amitié peuvent devenir sources d'irritation dans un contexte romantique. Cela peut modifier la perception que vous avez de l'autre personne, parfois de manière irréversible.

Si vous êtes prêts à affronter ces risques, franchir cette frontière peut aussi offrir des **opportunités uniques de croissance personnelle et relationnelle**. Une relation amoureuse avec un(e) ami(e) vous permet de vivre une forme d'amour basée sur une connexion profonde, où les fondements de l'amitié viennent enrichir la romance. Si cette transformation fonctionne, elle peut offrir une relation encore plus épanouissante que celles basées sur une simple attirance physique ou émotionnelle.

Décider de franchir la frontière entre amis et amants est un choix délicat, qui demande une réflexion approfondie sur les risques et les bénéfices. Une amitié solide peut être un excellent fondement pour une relation amoureuse. Cependant, n'oubliez pas les risques de perdre cette amitié si la romance ne fonctionne pas. Si vous et votre ami(e) êtes prêts à naviguer ces défis ensemble, cette transformation pourrait bien être une opportunité pour une relation encore plus épanouissante.

5.3 Ce que vous devez considérer avant de prendre une décision

Lorsque vous envisagez de franchir la frontière entre amitié et relation amoureuse, de nombreux éléments doivent être pris en compte avant de faire ce choix. Une relation amoureuse avec un(e) ami(e) peut sembler attrayante, mais elle présente aussi des défis uniques qui méritent une réflexion approfondie. Voici quelques éléments à considérer avant de vous lancer dans cette aventure.

La première question à vous poser est: *êtes-vous prêt(e) à prendre le risque de perdre l'amitié*? Le fait de transformer une relation amicale en une relation amoureuse n'est jamais sans risque. Si la relation amoureuse ne fonctionne pas, il est possible que votre amitié ne retrouve jamais sa forme d'origine. En cas de rupture, les émotions blessées peuvent rendre difficile le retour à une relation platonique. Passer d'une amitié à une relation amoureuse n'est pas toujours évident. Prenez le temps d'évaluer les conséquences possibles.

L'exemple de Claire et Vincent illustre bien cette réalité. Amis depuis l'enfance, ils ont commencé à sortir ensemble après des années de complicité. Après quelques mois de relation amoureuse, ils ont réalisé que leur dynamique en tant que couple ne fonctionnait pas comme espéré. Après leur rupture, ils ont eu du mal à retrouver leur amitié d'antan, et cela a créé un vide dans leur vie. Claire a regretté de ne pas avoir réfléchi plus profondément aux conséquences potentielles avant de franchir cette étape.

Le deuxième point à considérer est votre *niveau de compatibilité romantique*. Ce n'est pas parce que vous vous entendez bien en tant qu'amis que cela garantit une bonne relation amoureuse. L'amitié repose souvent sur des bases différentes de celles de l'amour romantique. En tant qu'amis, vous pouvez tolérer des aspects de la personnalité de l'autre qui, dans une relation amoureuse, peuvent devenir problématiques. Par exemple, certains comportements légers ou des habitudes qui ne vous dérangent pas en amitié peuvent créer des tensions dans une relation amoureuse. Prenez donc le temps d'évaluer si vous partagez des valeurs et des attentes similaires dans le domaine amoureux.

Une autre question à vous poser est: *êtes-vous tous les deux sur la même longueur d'onde*? Entrer dans une relation amoureuse exige que les deux personnes soient prêtes à s'engager dans une nouvelle dynamique. Assurez-vous que vos sentiments sont partagés. Une divergence dans les attentes peut créer un déséquilibre émotionnel dès le début de la relation. Si l'un des deux ressent plus de désir ou d'attirance que l'autre, cela peut entraîner des frustrations, des tensions, voire une rupture prématurée.

Dans l'exemple de Marc et Julie, Marc avait des sentiments forts pour Julie depuis plusieurs mois. Julie n'était pas encore sûre de ce qu'elle ressentait. Malgré cela, ils ont décidé d'essayer une relation amoureuse. Cette asymétrie dans leurs émotions a rapidement créé des frustrations chez Marc, qui souhaitait plus d'engagement que Julie. Leur relation n'a pas duré, et ils ont tous les deux regretté de ne pas avoir pris plus de temps pour clarifier leurs attentes avant de franchir le pas.

N'oubliez pas l'importance du timing. Le moment où vous envisagez de transformer l'amitié en relation amoureuse peut avoir un impact significatif sur le succès de cette transition. Si vous ou l'autre personne traversez une période de stress, de bouleversements personnels ou de transition dans votre vie, cela pourrait compliquer la gestion de cette nouvelle dynamique. Il est préférable d'évaluer si le moment est opportun pour les deux parties, afin d'éviter que des facteurs extérieurs n'influencent négativement le développement de la relation.

Le cas de Paul et Émilie en est un bon exemple. Alors qu'ils envisageaient de se lancer dans une relation amoureuse, Émilie était en pleine transition de carrière, et Paul traversait une période difficile sur le plan personnel. Ils ont décidé de reporter leur décision et de se concentrer d'abord sur leurs situations individuelles. Après quelques mois, ils se sentaient plus stables et prêts à explorer cette nouvelle étape ensemble, ce qui a contribué à la réussite de leur relation.

Vous devez vous demander si *vous êtes prêts à faire évoluer votre dynamique* au sein de votre groupe d'amis. Transformer une amitié en relation amoureuse peut parfois affecter les relations avec les autres membres de votre cercle social. Certains amis peuvent se sentir mal à l'aise avec cette transition, surtout si vous êtes tous proches. Il est important de considérer comment cette nouvelle dynamique pourrait influencer non seulement votre relation avec l'ami(e) concerné(e), mais aussi vos interactions avec votre cercle social plus large.

Prendre la décision de transformer une amitié en relation amoureuse nécessite une réflexion approfondie. Vous devez considérer les risques de perdre l'amitié, évaluer votre compatibilité en tant que couple, vous assurer que vous êtes sur la même longueur d'onde émotionnelle, et choisir le bon moment. En prenant en compte ces éléments, vous augmenterez vos chances de réussir cette transition délicate tout en préservant la base de respect et d'affection qui caractérise votre amitié. Quelle que soit votre décision, soyez transparent(e) envers vous-même et l'autre personne pour que cette transformation se déroule au mieux.

5.4 Les signes que vous êtes prêts pour une relation amoureuse

Décider de transformer une amitié en une relation amoureuse est une étape majeure qui nécessite une certaine maturité émotionnelle et une bonne dose de réflexion. Assurez-vous d'être tous les deux prêts à franchir cette étape pour éviter les malentendus et préserver votre lien. **Comment savoir si vous êtes vraiment prêts à passer de l'amitié à l'amour?** Voici quelques signes qui peuvent vous aider à y voir plus clair.

Le premier signe est *une communication ouverte et honnête* entre vous deux. Si vous avez déjà parlé de vos sentiments respectifs de manière claire, sans que cela ne crée de malaise ou de confusion, c'est un bon indicateur que vous êtes prêts pour une relation amoureuse. La capacité à discuter de sujets délicats, comme les attentes romantiques et les craintes liées à cette transition, montre que vous êtes sur la même longueur d'onde émotionnelle. Cela signifie aussi que vous avez la maturité nécessaire pour aborder les défis qui peuvent survenir dans une relation amoureuse, sans fuir ou éviter la confrontation.

Observons l'exemple de Laura et Julien. Après plusieurs mois de questionnements internes, ils ont décidé de s'asseoir et d'aborder directement leurs sentiments. Cette discussion leur a permis d'être sur la même page et de comprendre qu'ils partageaient une vision commune d'une relation amoureuse, basée sur la confiance et l'écoute mutuelle. Cette conversation leur a donné l'assurance qu'ils étaient prêts à franchir ce cap ensemble.

Un autre signe que vous êtes prêts à entamer une relation amoureuse est lorsque *vous vous sentez à l'aise avec vos émotions*. Si vous êtes en paix avec ce que vous ressentez et que vous avez accepté vos sentiments, sans vous sentir submergé(e) ou confus(e), cela montre que vous avez fait le travail introspectif nécessaire. Cette stabilité émotionnelle est cruciale, car elle vous permet d'entrer dans la relation sans être guidé(e) uniquement par des impulsions ou des besoins affectifs mal résolus. Il est normal d'avoir des moments de doute, mais si vos émotions sont claires et constantes, cela montre que vous êtes prêt(e) à aller plus loin.

Si vous avez encore des incertitudes sur ce que vous ressentez ou si vous êtes submergé(e) par des peurs irrationnelles, il peut être utile de prendre un peu plus de temps avant de franchir le pas. Ce temps vous permettra de vous assurer que vos sentiments sont authentiques et non influencés par une pression extérieure ou une peur de perdre l'amitié.

Le troisième signe est la capacité à *vous projeter dans une relation amoureuse avec cette personne*. Si vous avez déjà imaginé à quoi ressemblerait une relation romantique avec votre ami(e), et que cette projection vous semble naturelle, cela montre que vous êtes prêt(e) à franchir le pas. Vous pouvez déjà vous voir passer du temps ensemble non seulement en tant qu'amis, mais aussi en tant que partenaires amoureux. Cette projection ne doit pas être basée sur des fantasmes idéalisés, mais sur une compréhension réaliste de la dynamique entre vous deux.

Prenons le cas de Maxime et Chloé. En tant qu'amis proches, ils passaient déjà beaucoup de temps ensemble, et Maxime s'est rendu compte qu'il aimait l'idée de partager des moments plus intimes avec Chloé, comme des dîners romantiques ou des voyages en couple. Cette vision d'une relation amoureuse avec elle ne le rendait pas nerveux, mais plutôt excité et confiant quant à l'avenir. C'est ce genre de sentiment de confort et de désir partagé qui montre que vous êtes probablement prêt(e) à franchir la frontière entre amitié et amour.

Un autre signe important est votre *volonté d'accepter le changement* que cette nouvelle dynamique entraînera dans votre relation. Passer d'amis à partenaires amoureux changera inévitablement certains aspects de votre relation, et cela demande une certaine flexibilité. Si vous vous sentez prêt(e) à accepter ces changements, même ceux qui pourraient être inconfortables au début, cela montre que vous êtes prêt(e) à évoluer ensemble. Vous devez être conscient(e) que certaines choses ne seront plus les mêmes: vos interactions, votre cercle social, et même la manière dont vous vous soutenez mutuellement.

Le dernier signe que vous êtes prêts pour une relation amoureuse est *la stabilité dans d'autres aspects de votre vie*. Si vous êtes dans une période de stabilité émotionnelle et personnelle, c'est souvent un indicateur positif que vous êtes prêt(e) pour un engagement amoureux. Si vous traversez une phase de turbulences personnelles (problèmes professionnels, familiaux, ou émotionnels), cela peut être plus compliqué de gérer une nouvelle dynamique romantique. Une relation amoureuse demande de l'énergie et du temps, et si vous êtes déjà submergé(e) par d'autres défis, cela peut compliquer les choses.

Les signes que vous êtes prêts pour une relation amoureuse avec un(e) ami(e) incluent une communication honnête, une clarté émotionnelle, une capacité à vous projeter dans une relation romantique, une volonté d'accepter les changements, et une stabilité dans votre vie personnelle. Si ces éléments sont présents, vous êtes probablement dans une position favorable pour franchir cette étape. Quel que soit le chemin que vous choisissez d'emprunter, ensemble ou séparément, restez ouvert(e) au dialogue et à l'écoute de l'autre. Votre relation amoureuse, basée sur une amitié solide, peut être extrêmement enrichissante si vous prenez le temps de la construire.

CHAPITRE 6: GÉRER LA TRANSITION D'AMIS À AMANTS

6.1 Comment aborder la transition sans créer de malaise

Passer d'une amitié à une relation amoureuse est une étape délicate qui doit être gérée avec soin pour éviter tout malaise ou incompréhension. Cette transition peut être source de confusion, mais elle peut également devenir une expérience enrichissante si elle est bien abordée. L'objectif est de préserver la complicité de l'amitié tout en introduisant les nouvelles dynamiques d'une relation amoureuse. Pour cela, il est nécessaire d'adopter une approche progressive, honnête et respectueuse des émotions de chacun.

La première étape pour réussir cette transition est *d'établir une communication ouverte dès le début*. Prenez le temps d'exprimer vos sentiments avec sincérité. Aborder directement le sujet des émotions peut sembler intimidant, mais il est important de clarifier vos attentes respectives pour éviter tout malentendu. Une conversation ouverte et calme, dans un contexte détendu, peut aider à exprimer vos désirs tout en respectant les émotions de l'autre. Vous pouvez commencer en expliquant ce que vous ressentez et en demandant à l'autre comment il/elle perçoit la situation.

Analysons le scénario de Paul et Manon, deux amis qui passaient beaucoup de temps ensemble. Paul a commencé à ressentir des sentiments romantiques pour Manon et a choisi de lui en parler honnêtement, lors d'une sortie tranquille. Il a exprimé ses émotions de manière non agressive, en laissant à Manon la possibilité de réfléchir à ce qu'elle ressentait. Cette approche a permis à Manon de se sentir à l'aise et d'aborder la question sans pression.

Une fois que la discussion est entamée, *il est important de respecter le rythme de l'autre*. Tout le monde n'a pas la même capacité à gérer les changements dans une relation, surtout lorsqu'il s'agit de passer de l'amitié à l'amour. Certaines personnes peuvent avoir besoin de plus de temps pour accepter la situation ou pour décider si elles veulent également franchir ce cap. Soyez donc patient et évitez de précipiter les choses. Offrez à l'autre personne l'espace nécessaire pour réfléchir, sans forcer une réponse immédiate.

Il peut être utile *d'introduire progressivement des changements dans la dynamique de la relation*. Au lieu de changer radicalement votre comportement du jour au lendemain, commencez par des gestes et des attentions qui reflètent votre évolution vers une relation amoureuse. Cela peut inclure des gestes affectueux plus subtils, ou même des conversations plus intimes, sans toutefois créer de malaise. Progressivité est le maître mot. En agissant ainsi, vous donnez à l'autre le temps de s'adapter à cette nouvelle dynamique, tout en maintenant un sentiment de sécurité dans la relation.

Par exemple, Marc et Julie, amis depuis plusieurs années, ont décidé de commencer à se voir plus souvent en tête-à-tête, dans des contextes différents de leurs sorties de groupe habituelles. Marc a aussi pris soin d'être plus attentionné envers Julie, sans pour autant la submerger d'attentions trop démonstratives. Ces petites étapes ont permis à Julie de se sentir à l'aise avec cette nouvelle dimension de leur relation, sans pression.

Il est aussi essentiel *d'être à l'écoute des signaux non-verbaux* pour ne pas franchir certaines limites trop rapidement. La transition d'une relation amicale à une relation amoureuse peut créer des moments de malaise si l'un des deux n'est pas encore à l'aise avec l'évolution de la relation. Soyez attentif aux réactions de l'autre, notamment à travers son langage corporel et son attitude générale. Si vous sentez que l'autre personne se montre réticente ou mal à l'aise, il est préférable de ralentir le processus et de revenir à une conversation pour clarifier la situation.

Regardons l'exemple de Sophie et Lucas. Lorsque Lucas a tenté de montrer plus d'affection, Sophie s'est sentie un peu mal à l'aise. Lucas a immédiatement remarqué ce changement dans son attitude et a choisi de ralentir le processus. Plutôt que de poursuivre, il a pris le temps de parler avec Sophie pour comprendre ses sentiments, ce qui a permis de dissiper le malaise et de réajuster leur rythme.

Acceptez que la transition puisse être imparfaite, et qu'il puisse y avoir des moments d'incertitude ou de maladresse. Ces moments sont naturels, car passer de l'amitié à l'amour implique une redéfinition de votre relation. L'important est d'aborder ces moments avec humour et légèreté, sans trop de pression. Une relation saine, qu'elle soit amicale ou amoureuse, repose sur la capacité à accepter les imperfections et à les gérer avec bienveillance.

Aborder la transition d'amis à amants sans créer de malaise nécessite une approche progressive et respectueuse des sentiments de chacun. La communication ouverte, l'écoute des signaux de l'autre, et la patience sont les clés pour éviter les tensions et instaurer une relation amoureuse saine et équilibrée. Il est important de comprendre que chaque relation évolue à son propre rythme et qu'il n'y a pas de formule unique pour réussir cette transition. En respectant les émotions de l'autre et en avançant pas à pas, vous pouvez transformer votre amitié en une relation amoureuse épanouie.

6.2 Les premières étapes pour construire une relation amoureuse après l'amitié

Passer d'une amitié à une relation amoureuse est un moment à la fois excitant et délicat. L'amitié crée une base solide, mais construire une relation romantique nécessite de poser des fondations nouvelles, qui vont au-delà des habitudes amicales. Ce processus demande un ajustement des attentes, une attention particulière à la communication et surtout une volonté partagée de s'investir dans cette nouvelle dynamique.

La première étape pour construire cette relation amoureuse est de *clarifier vos attentes réciproques*. L'amitié vous a peut-être permis de vous connaître sur de nombreux aspects, mais une relation amoureuse implique de nouveaux éléments comme l'engagement, les projets de vie en commun et l'intimité. Il est donc essentiel d'aborder rapidement ces sujets pour vous assurer que vous êtes sur la même longueur d'onde. Par exemple, vous pouvez discuter de la manière dont vous envisagez la relation à long terme, des attentes en matière de fidélité ou de gestion des conflits. Cette étape permet d'éviter les malentendus et d'établir un cadre sain dès le départ.

Prenons comme illustration Sarah et Karim, qui ont décidé de transformer leur amitié en une relation amoureuse. Dès le début, ils ont pris le temps de discuter de leurs visions du couple, de leurs priorités et des valeurs qui leur étaient importantes. Cela a permis à chacun de se sentir rassuré et de savoir dans quelle direction leur relation allait évoluer.

L'introduction progressive de l'intimité est une étape cruciale. Si l'amitié vous a permis de partager des moments forts, une relation amoureuse implique un niveau d'intimité différent, qu'il s'agisse de l'intimité émotionnelle ou physique. Prenez le temps d'exprimer vos sentiments avec sincérité. Introduire lentement l'intimité, que ce soit par de petites marques d'affection ou des conversations plus profondes, permet à chacun de s'adapter à ce nouveau terrain. Cette approche progressive renforce également la confiance et assure que les deux partenaires se sentent à l'aise avec l'évolution de la relation.

Un autre aspect important est *d'honorer l'amitié qui vous a conduits à cette relation amoureuse*. Même si les choses évoluent, n'oubliez pas ce qui a fait de votre amitié quelque chose de spécial. Continuez à partager les activités que vous aimiez faire en tant qu'amis, comme vos passions communes ou vos sorties habituelles. Cela permettra de conserver un lien fort et stable tout en apportant de la nouveauté à votre relation. En équilibrant l'amitié et la romance, vous créez une relation qui s'enracine à la fois dans l'affection et la complicité.

C'est ce qu'ont fait Clément et Julie. En devenant un couple, ils ont décidé de maintenir leur habitude de faire des randonnées ensemble, une activité qu'ils adoraient depuis des années. Ces moments partagés les ont aidés à rester connectés à l'amitié qui les a rapprochés, tout en développant leur complicité amoureuse.

La *gestion des peurs et des insécurités* est une autre étape essentielle pour construire une relation amoureuse après l'amitié. Il est naturel que des craintes apparaissent, que ce soit la peur de perdre l'amitié si la relation amoureuse échoue, ou l'incertitude liée à cette nouvelle dynamique. Parler ouvertement de ces peurs, sans les minimiser, est fondamental pour désamorcer les tensions. Plus vous partagez vos préoccupations, plus vous renforcez la confiance entre vous et ouvrez la voie à une relation honnête et équilibrée.

Prenons l'exemple d'Émilie et Lucas. Lorsqu'ils ont décidé de sortir ensemble après plusieurs années d'amitié, Lucas s'est confié à Émilie sur sa peur de perdre leur amitié si leur relation ne fonctionnait pas. Grâce à cette transparence, ils ont pu discuter de leurs inquiétudes respectives et trouver des moyens de préserver leur lien, quoi qu'il arrive.

Un autre aspect crucial est *de faire preuve de flexibilité* face aux changements. Passer d'une relation amicale à une relation amoureuse implique une nouvelle dynamique, et vous devrez tous deux apprendre à naviguer dans ces eaux. Les attentes changent, et il est normal de traverser des périodes d'adaptation. La clé est d'être flexible et de ne pas se focaliser sur les moments de maladresse ou d'incertitude. Accepter que la transition ne soit pas toujours fluide permet de construire une relation solide basée sur la compréhension mutuelle.

Prendre du temps pour vous en tant que couple est une étape souvent négligée. Il est facile de tomber dans la routine de vos habitudes amicales et d'oublier de nourrir l'aspect romantique de votre relation. Pour éviter cela, il est important de planifier des moments dédiés à votre relation amoureuse, comme des sorties en tête-à-tête ou des week-ends ensemble. Cela vous permettra de renforcer votre connexion émotionnelle et physique, et d'explorer de nouvelles facettes de votre relation.

Construire une relation amoureuse après l'amitié nécessite du temps, de la patience et surtout une communication ouverte. Clarifier vos attentes, introduire progressivement l'intimité, honorer votre amitié, gérer les peurs et faire preuve de flexibilité sont autant d'étapes essentielles pour réussir cette transition. Si vous respectez ces principes, vous aurez toutes les chances de transformer votre amitié en une relation amoureuse épanouie, basée sur des fondations solides et sincères.

6.3 Comment surmonter les craintes et l'incertitude

Lorsque vous décidez de passer d'une relation amicale à une relation amoureuse, il est naturel de ressentir des craintes et des incertitudes. Ces sentiments sont souvent alimentés par la peur de l'inconnu, la crainte de perdre l'amitié précieuse ou encore par l'incertitude de savoir si cette nouvelle dynamique romantique fonctionnera. Il est tout à fait possible de surmonter ces doutes si vous adoptez une approche réfléchie et ouverte pour faire face à ces émotions.

Le premier pas pour surmonter ces craintes est *d'accepter que les peurs sont normales*. Tout changement, surtout aussi significatif que de transformer une amitié en amour, entraîne une part d'incertitude. Vous devez reconnaître que ces émotions sont valides et qu'il est normal de se sentir vulnérable. La clé est de ne pas laisser ces peurs dicter vos actions ou bloquer votre capacité à avancer. En les acceptant comme une partie naturelle du processus, vous diminuez leur pouvoir de vous paralyser.

Examinons le cas de Lucie et Antoine, amis depuis des années. Lorsque Lucie a commencé à ressentir plus que de l'amitié pour Antoine, elle a eu peur de perdre leur lien s'il ne ressentait pas la même chose. Au lieu de laisser cette peur la contrôler, elle a choisi de lui parler ouvertement de ses sentiments, ce qui a permis à Antoine de lui confier qu'il ressentait la même chose. Ensemble, ils ont décidé d'affronter leurs incertitudes, en étant transparents dès le début.

L'étape suivante consiste à *communiquer vos peurs à l'autre personne*. La communication ouverte est l'un des piliers les plus importants dans la gestion des craintes. Soyez ouvert(e) sur vos doutes et vos craintes. Lorsque vous partagez vos émotions, vous créez un espace de confiance où chacun peut se sentir compris. Cela vous permet également d'évaluer si l'autre personne partage des préoccupations similaires et de réfléchir ensemble à des solutions pour les surmonter.

Dans l'histoire de Camille et Thomas, après avoir pris la décision de sortir ensemble, Camille s'est ouverte sur sa peur que la relation ne change leur dynamique amicale. En exprimant cette crainte à Thomas, ils ont pu en discuter et se rassurer mutuellement. Ils ont aussi convenu de respecter leur amitié tout en explorant cette nouvelle dimension de leur relation. Cette conversation a renforcé leur lien et a atténué la peur que leur relation amoureuse puisse nuire à leur complicité.

Une autre stratégie efficace pour surmonter les incertitudes est *de **prendre les choses à votre propre rythme***. Il n'y a pas de calendrier fixe ou de « **bon moment** » pour que la relation amoureuse évolue. Avancer lentement vous permet d'évaluer la nouvelle dynamique tout en préservant l'amitié qui vous lie. Vous pouvez décider ensemble des étapes à franchir, que ce soit de passer plus de temps ensemble dans un cadre romantique ou de discuter de la manière dont vous envisagez l'avenir. Cette approche progressive aide à atténuer les peurs, car elle permet à chacun de s'adapter au changement sans se sentir brusqué.

Pour Alex et Justine, cette approche a été primordiale. Après avoir franchi le pas de la relation amoureuse, ils ont décidé de continuer à vivre leur nouvelle dynamique sans précipitation. Cela leur a permis de prendre du recul quand ils en ressentaient le besoin, de réajuster leurs attentes au fur et à mesure, et de se concentrer sur l'essentiel: leur connexion.

Développez votre confiance en vous et en les autres pour mieux gérer les incertitudes. La peur de l'échec ou de perdre l'amitié peut souvent être exacerbée par un manque de confiance en ses propres capacités à gérer la relation ou en la capacité de l'autre à comprendre et respecter vos besoins. En renforçant la confiance mutuelle, vous vous sentirez plus serein face à l'évolution de la relation. Prenez le temps de cultiver cette confiance en vous rappelant les moments où vous avez déjà surmonté des défis ensemble en tant qu'amis.

Embrassez l'inconnu avec optimisme. Chaque nouvelle relation comporte une part de mystère, et c'est aussi ce qui la rend excitante. Plutôt que de voir l'incertitude comme une menace, vous pouvez la considérer comme une opportunité d'apprendre à vous connaître sous un nouvel angle. Cette approche vous aidera à rester ouverts aux possibilités, tout en acceptant que l'avenir est incertain. Avec une communication solide, une bonne dose de confiance et une volonté commune de faire face aux défis, vous pouvez traverser ces moments d'incertitude ensemble.

Surmonter les craintes et l'incertitude dans la transition d'amis à amants demande une communication honnête, une progression lente et une confiance mutuelle. En acceptant que la peur fait partie du processus, en la partageant avec l'autre, et en avançant à votre rythme, vous serez mieux équipés pour naviguer dans cette nouvelle phase de votre relation. L'incertitude n'est pas un obstacle insurmontable, mais plutôt une invitation à grandir ensemble, et à découvrir si cette nouvelle étape amoureuse peut épanouir votre complicité.

6.4 L'importance de la patience et de la communication durant la transition

La transition d'une relation amicale à une relation amoureuse est un chemin rempli de nuances et de moments délicats. Cette évolution demande de la patience. La patience et la communication sont deux piliers indispensables pour garantir que ce passage se fasse en douceur, avec un minimum de tensions ou de malentendus.

La patience est primordiale lorsque vous franchissez le pas d'une amitié à une romance. En tant qu'amis, vous vous êtes habitués à une certaine dynamique, une routine où les attentes ne sont pas les mêmes que dans une relation amoureuse. Introduire des émotions plus intenses, comme l'amour et l'attirance, peut bouleverser cet équilibre. Prenez votre temps. Il est tout à fait naturel que l'un des deux partenaires prenne plus de temps pour s'adapter à cette nouvelle dynamique. Forcer le rythme, ou être impatient face aux réponses émotionnelles de l'autre, peut créer un sentiment de pression et même engendrer des conflits inutiles.

Prenons le cas concret de Jeanne et Sébastien. Amis proches depuis des années, Sébastien a rapidement été à l'aise avec l'idée de sortir ensemble, tandis que Jeanne, bien qu'ayant des sentiments similaires, craignait de perdre l'amitié solide qu'ils avaient bâtie. En prenant le temps nécessaire, Sébastien a permis à Jeanne de s'adapter à l'idée d'être dans une relation amoureuse, respectant son besoin de temps pour se sentir à l'aise dans ce nouveau rôle. Ce respect mutuel a renforcé leur relation et leur a permis de franchir cette étape sereinement.

En parallèle de la patience, *la communication* joue un rôle clé pour éviter les malentendus et garantir que les attentes de chacun soient claires. Passer de l'amitié à l'amour est un saut émotionnel qui doit être soutenu par des conversations honnêtes et ouvertes. Parler de vos craintes, de vos espoirs et de ce que vous attendez de cette nouvelle phase est essentiel pour s'assurer que vous êtes sur la même longueur d'onde. Sans une communication claire, les attentes peuvent diverger, et cela peut entraîner de la frustration ou des déceptions.

Dans l'histoire de Clara et Thomas, cette communication ouverte a été un facteur déterminant. Clara était inquiète de perdre l'aspect amical de leur relation une fois qu'ils seraient en couple. Thomas, de son côté, avait peur que cette transition ne les éloigne s'ils ne se comprenaient plus aussi bien qu'avant. Ils ont décidé de prendre l'habitude de discuter régulièrement de leurs sentiments et des ajustements qu'ils ressentaient nécessaires dans cette nouvelle phase de leur relation. Grâce à ces échanges sincères, ils ont pu ajuster leur comportement et maintenir l'équilibre entre amitié et amour.

Apprenez à reconnaître les moments où patience et communication font bon ménage. Parfois, même avec la meilleure volonté de communiquer, l'autre personne peut ne pas être prête à discuter de certains aspects de la relation. Cela peut être dû à des craintes, des insécurités ou simplement à un besoin de plus de temps pour assimiler les changements. Dans ces moments-là, il est important de se rappeler que chacun avance à son propre rythme. Accorder à l'autre le temps et l'espace nécessaires pour exprimer ses pensées et ses émotions est une marque de respect et de compréhension mutuelle.

Par exemple, Damien et Pauline ont dû gérer des moments où l'un des deux ne se sentait pas prêt à aborder certains sujets délicats, comme l'engagement ou les projets d'avenir. Au lieu de forcer la discussion, ils ont appris à attendre le bon moment pour aborder ces sujets, laissant à l'autre l'opportunité de revenir vers eux lorsqu'ils se sentaient prêts. Cela leur a permis d'éviter des conflits inutiles et de maintenir une relation saine et respectueuse.

Il est tout aussi crucial de *se rappeler que la communication ne doit pas être unilatérale*. Ce n'est pas seulement à vous de parler de vos émotions ou de vos attentes; il faut aussi savoir écouter activement l'autre. L'écoute attentive permet de mieux comprendre les besoins de votre partenaire et d'ajuster votre approche en conséquence. Soyez réceptif aux signaux que votre partenaire vous envoie, qu'ils soient verbaux ou non. Cette écoute attentive renforce la complicité et démontre à l'autre que vous êtes engagé dans cette transition avec bienveillance et compréhension.

Pour David et Aline, l'écoute a été un élément essentiel de leur transition. Lorsqu'Aline s'est sentie dépassée par les émotions que cette nouvelle relation générait, David a pris le temps d'écouter ses préoccupations sans la juger ou la presser de s'adapter à son propre rythme. Cette attitude a renforcé leur confiance mutuelle et leur a permis de surmonter les défis ensemble.

La patience et la communication sont les deux outils les plus puissants pour gérer la transition d'amis à amants. En étant attentif aux besoins de l'autre, en évitant de précipiter les étapes et en discutant ouvertement de vos émotions, vous pouvez franchir ce cap en douceur. Chaque relation évolue à son propre rythme, et c'est en respectant ce processus que vous pouvez construire une base amoureuse solide et épanouissante.

CHAPITRE 7: SI LA RELATION AMOUREUSE NE FONCTIONNE PAS

7.1 Comment revenir à une amitié après une tentative de romance

Lorsque la transition de l'amitié à la romance ne se déroule pas comme prévu, cela peut être douloureux et déroutant. L'une des plus grandes peurs des personnes qui tentent cette transition est de perdre non seulement une potentielle relation amoureuse, mais aussi l'amitié qui existait auparavant. Revenir à une amitié après une tentative de romance peut sembler difficile, voire impossible, mais avec de la patience, de la maturité et une communication ouverte, il est tout à fait possible de reconstruire ce lien précieux.

La première étape pour revenir à une amitié est *d'accepter l'échec de la romance sans ressentiment*. N'oubliez pas que les dynamiques relationnelles peuvent changer et ne pas correspondre à nos attentes initiales. Vous devez reconnaître que l'amitié est une base suffisamment solide pour que vous puissiez la préserver, même après une déception amoureuse. Évitez de vous reprocher mutuellement ce qui s'est passé. Acceptez le résultat tel qu'il est.

Explorons l'exemple de Julie et Maxime, qui étaient amis depuis longtemps avant de tenter une relation romantique. Après quelques mois de romance, ils se sont rendu compte que cela ne fonctionnait pas et ont décidé d'y mettre fin. Au lieu de se blâmer ou de nourrir du ressentiment, ils ont discuté honnêtement de ce qui n'allait pas et ont convenu que leur amitié était plus précieuse que de rester bloqués dans une relation qui ne les épanouissait pas. Grâce à cette maturité, ils ont réussi à revenir à une dynamique amicale, tout en gardant le respect mutuel intact.

La communication joue un rôle fondamental dans la restauration de l'amitié. Il est normal que des émotions contradictoires surgissent après l'échec d'une romance, surtout si l'une des personnes avait des attentes plus élevées que l'autre. Parlez ouvertement de vos sentiments et clarifiez vos attentes envers cette amitié. En discutant de vos émotions respectives, vous éviterez les non-dits qui pourraient entacher l'amitié à long terme. Cette étape peut être difficile, car elle oblige à aborder des sujets douloureux, mais elle est indispensable pour poser les bases d'une nouvelle amitié.

Sophie et Marc, par exemple, ont pris le temps de discuter de ce qui n'avait pas fonctionné dans leur tentative de romance. Sophie avait des sentiments plus forts, tandis que Marc s'était rapidement rendu compte qu'il n'était pas prêt pour une relation. Grâce à une discussion franche, ils ont pu mettre cartes sur table et établir de nouvelles attentes pour leur amitié, évitant ainsi de nourrir des frustrations ou des malentendus.

Une autre étape essentielle est de *donner du temps et de l'espace* à la relation pour se rétablir. Il peut être difficile de revenir immédiatement à une amitié après une rupture amoureuse. Laisser du temps pour guérir les émotions blessées est parfois nécessaire pour éviter que les cicatrices ne viennent perturber la dynamique amicale. Durant cette période, il est normal de prendre de la distance afin de laisser les émotions s'apaiser. Cela ne signifie pas que l'amitié est finie, mais simplement qu'elle a besoin de respirer avant de retrouver son équilibre.

Pierre et Emma ont compris ce besoin de distance après la fin de leur courte relation. Ils ont décidé de ne pas se voir pendant quelques semaines, le temps que chacun puisse digérer la rupture. Cette pause leur a permis de retrouver leur calme et d'aborder la reprise de leur amitié avec plus de sérénité. Quelques mois plus tard, ils étaient capables de se retrouver et de profiter à nouveau de leur lien amical, sans que la romance passée ne soit un obstacle.

Redéfinir la relation est une autre étape cruciale pour revenir à une amitié après une tentative de romance. Cela signifie que vous devez ajuster vos attentes et comprendre que certains aspects de la relation vont probablement changer. Par exemple, il se peut que vous deviez éviter certains sujets ou certaines habitudes qui étaient propres à la romance pour préserver la neutralité de l'amitié. Cette redéfinition peut être délicate, mais elle est essentielle pour éviter que des ambiguïtés ne réapparaissent. Soyez clair sur les limites que vous souhaitez poser et respectez celles de l'autre.

Réapprendre à profiter des aspects positifs de l'amitié est la meilleure façon de reconstruire ce lien. Après avoir traversé une période émotionnellement intense, il est réconfortant de retrouver les éléments qui faisaient la force de votre amitié avant la romance. Reprenez les activités que vous faisiez ensemble, partagez des moments légers, et rappelez-vous pourquoi vous étiez amis en premier lieu. En vous concentrant sur ces aspects positifs, vous vous donnerez une chance de rétablir une relation amicale durable et épanouie.

Revenir à une amitié après une tentative de romance demande du temps, de la patience et beaucoup de communication. Accepter la situation sans rancune, discuter des attentes mutuelles, donner de l'espace pour guérir et redéfinir la relation sont des étapes indispensables pour restaurer une amitié solide. Si vous suivez ces principes, il est tout à fait possible de transformer un échec romantique en une amitié encore plus forte et plus profonde.

7.2 Gérer les déceptions sans briser définitivement la relation

Lorsque l'on décide de franchir la frontière entre l'amitié et l'amour, il est naturel d'espérer que tout se passe bien. Toutes les histoires d'amour issues d'une amitié ne connaissent pas un dénouement heureux. Les déceptions font partie des risques inhérents à cette tentative, mais cela ne signifie pas nécessairement que l'amitié doit en payer le prix. Il est possible de gérer la déception sans briser la relation, à condition d'aborder la situation avec maturité, compréhension et respect.

La première étape pour gérer une déception dans ce contexte est *d'accepter vos émotions sans les rejeter ou les minimiser*. Ressentir de la tristesse, de la frustration, ou même de la colère est tout à fait normal après une tentative romantique infructueuse. Vous aviez des attentes, et celles-ci n'ont pas été réalisées. Au lieu de refouler ou d'ignorer ces sentiments, acceptez-les tels qu'ils sont. Cela vous permettra de traiter la déception de manière saine, sans qu'elle ne se transforme en ressentiment ou en rancœur.

Étudions le cas de Clara et Antoine, qui étaient amis depuis plusieurs années avant de tenter une relation amoureuse. Lorsque leur romance a échoué, Clara a ressenti une profonde déception. Au lieu de rejeter cette émotion, elle a pris le temps de comprendre pourquoi elle se sentait ainsi. En acceptant sa tristesse, elle a pu en parler plus sereinement avec Antoine et éviter que cette déception ne prenne le dessus sur leur relation.

La communication ouverte est un outil fondamental pour surmonter la déception sans briser définitivement l'amitié. Parler de ce qui s'est passé, des raisons pour lesquelles la romance n'a pas fonctionné, et de ce que chacun ressent est essentiel pour désamorcer les malentendus et éviter que les sentiments négatifs ne s'enveniment. Cela permet aussi d'exprimer clairement ses besoins et ses attentes pour la suite de la relation. Lorsque l'un des deux partenaires reste dans le silence, cela peut créer des tensions non résolues qui finiront par nuire à l'amitié.

Dans l'histoire de Lucas et Marie, par exemple, après l'échec de leur tentative amoureuse, Marie a voulu éviter la confrontation. Lucas a insisté pour qu'ils discutent honnêtement de ce qui n'avait pas fonctionné. Cette conversation a permis de clarifier les émotions des deux parties, d'éviter des non-dits, et surtout, de poser des bases solides pour retrouver une amitié authentique.

En plus de parler, laissez les choses se dérouler naturellement. Les blessures émotionnelles ne se guérissent pas instantanément. Il est possible que, juste après la fin de la tentative amoureuse, vous ayez besoin de prendre de la distance pour vous permettre de guérir et de reprendre du recul. Cela ne signifie pas que l'amitié est condamnée, mais plutôt que vous devez accorder du temps pour que chacun puisse digérer ses émotions. Revenir trop vite à une amitié **"comme avant"** sans ce temps de guérison peut entraîner de nouvelles frustrations et rendre la relation plus fragile.

Dans certains cas, comme celui de Stéphane et Julie, ils ont décidé de ne pas se voir pendant plusieurs mois après leur rupture. Cette pause leur a permis de guérir individuellement sans interférer dans la vie de l'autre. Quelques mois plus tard, ils ont pu reprendre leur amitié, plus forts et plus sereins, sans que la déception passée ne les hante.

Une autre stratégie efficace pour gérer la déception sans briser l'amitié est de *redéfinir les attentes de la relation*. Il est normal que la dynamique change après une tentative de romance infructueuse. Vous n'êtes plus exactement dans la même situation qu'avant. Il est donc important de redéfinir ce que vous attendez de cette amitié renouvelée. Cela peut inclure des discussions sur les limites à respecter, les sujets sensibles à éviter ou encore les comportements qui pourraient rappeler des souvenirs douloureux. En redéfinissant clairement les attentes, vous pouvez éviter de futures blessures émotionnelles.

Cultivez les aspects positifs de votre amitié pour la rendre encore plus forte. L'une des raisons pour lesquelles vous avez voulu essayer une relation amoureuse est probablement la complicité et la connexion que vous partagez en tant qu'amis. En revenant à cette base solide, vous pouvez vous rappeler pourquoi vous teniez tant à cette amitié et pourquoi elle vaut la peine d'être préservée, malgré la déception.

Pour Lisa et Thomas, après leur rupture, ils ont décidé de se concentrer sur les moments positifs qu'ils avaient partagés en tant qu'amis avant d'essayer la romance. En se remémorant les souvenirs joyeux et les expériences partagées, ils ont pu retrouver cette connexion amicale qui les avait toujours unis, sans laisser la déception empoisonner leur relation.

Gérer une déception après une tentative de romance infructueuse demande du temps, de la patience et une communication sincère. Accepter ses émotions, parler ouvertement de ses ressentis, laisser le temps apaiser les tensions et redéfinir les attentes sont des étapes essentielles pour préserver une amitié solide. La clé est de se rappeler que la valeur d'une amitié ne disparaît pas à cause d'une tentative d'amour manquée, et qu'avec les bons efforts, cette amitié peut ressortir encore plus forte.

7.3 Les défis émotionnels après une rupture dans une relation ambiguë

Lorsqu'une relation amoureuse issue d'une amitié échoue, les défis émotionnels peuvent être particulièrement complexes. La zone grise entre amitié et amour, déjà floue, devient encore plus trouble après une rupture. Non seulement vous faites face à la douleur habituelle d'une séparation, mais vous devez également gérer la confusion des émotions, car vous ne perdez pas seulement un partenaire romantique, mais aussi un ami cher. Naviguer dans ces eaux émotionnelles nécessite du temps, de la réflexion et une bonne dose de maturité.

L'un des premiers défis à surmonter est *la confusion des sentiments*. Après une rupture, il peut être difficile de déterminer si ce que vous ressentez est de la tristesse liée à la perte de l'amitié, ou de la douleur causée par la fin de la relation amoureuse. Cette ambiguïté émotionnelle peut rendre la situation encore plus difficile à gérer, car les lignes entre l'amour et l'amitié ont déjà été brouillées. Il est donc essentiel de prendre du recul pour comprendre la nature de vos émotions. Vous pourriez vous sentir à la fois dévasté par la fin de la romance, tout en ayant l'impression de perdre un confident de longue date.

Réfléchissons au cas de Sarah et David, qui ont décidé de transformer leur amitié de plusieurs années en relation amoureuse. Lorsque la romance a pris fin, Sarah ne savait plus si elle pleurait la fin de son histoire d'amour ou la perte de cette complicité amicale unique qu'ils partageaient auparavant. Pour elle, il était crucial de distinguer entre ces deux sources de douleur afin de pouvoir commencer à guérir et envisager l'avenir avec plus de clarté.

Le sentiment de trahison peut surgir, même dans les relations les plus sincères. Vous pourriez ressentir que votre ex-partenaire vous a trahi en rompant la relation, ce qui peut être aggravé par le fait que vous aviez une amitié si forte avant la romance. Il est facile de ressentir que la personne a détruit non seulement la relation amoureuse, mais aussi la fondation amicale sur laquelle elle reposait. Chaque personne a le droit de suivre son cœur, même si cela implique de mettre fin à une amitié. Il ne faut pas y voir une trahison.

Ce fut le cas pour Jean et Amélie. Après avoir mis fin à leur relation amoureuse, Jean se sentait trahi, non pas parce qu'Amélie avait rompu avec lui, mais parce qu'il croyait que cela signifiait la fin de leur amitié. Avec du temps et des discussions ouvertes, Jean a réalisé qu'Amélie avait agi avec intégrité en exprimant ses sentiments honnêtes et que la rupture n'était pas un acte de trahison, mais plutôt une décision nécessaire pour leur bien-être mutuel.

Un autre défi émotionnel est *la peur de perdre définitivement l'amitié*. La relation ambiguë peut laisser penser que l'amitié est irrémédiablement compromise après une tentative de romance infructueuse. Vous pouvez craindre que chaque interaction avec cette personne soit désormais teintée par les souvenirs de la romance, ce qui rendrait difficile de revenir à la simplicité d'une amitié. Cette peur est naturelle, mais elle ne doit pas forcément devenir une réalité. Avec de la patience, du respect et une communication ouverte, il est possible de retrouver une amitié authentique, bien que cela prenne du temps.

Lors de la rupture entre Maxime et Laura, Maxime craignait que leur amitié soit définitivement brisée. Pourtant, après plusieurs mois de silence et de réflexion, ils ont pu reconstruire leur relation, en définissant de nouvelles limites et en respectant leurs besoins respectifs. Leur amitié n'était plus exactement la même, mais elle avait évolué d'une manière qui respectait leur passé tout en leur permettant de se projeter dans une nouvelle dynamique.

Le dernier défi émotionnel majeur est *la gestion des regrets et des remords*. Après une rupture dans une relation ambiguë, il est courant de se demander: "Et si?" Vous pourriez vous interroger sur ce que vous auriez pu faire différemment, sur les erreurs que vous auriez pu éviter, et sur le fait de savoir si vous avez pris la bonne décision en passant de l'amitié à l'amour. Ces questions peuvent générer des sentiments de regret qui, s'ils ne sont pas traités, peuvent nuire à la guérison émotionnelle et à la possibilité de reconstruire une amitié.

Céline, après sa rupture avec Julien, ne pouvait s'empêcher de se demander si elle avait fait une erreur en essayant une relation amoureuse. Elle regrettait parfois d'avoir franchi cette étape, mais avec le temps, elle a compris que cette expérience lui avait permis de mieux se connaître et de comprendre ce qu'elle attendait d'une relation amoureuse, tout en appréciant la valeur de son amitié avec Julien.

Surmonter les défis émotionnels après une rupture dans une relation ambiguë demande du temps, de la réflexion et une grande dose de compassion envers soi-même et l'autre. Qu'il s'agisse de confusion émotionnelle, de sentiments de trahison, de la peur de perdre l'amitié ou des regrets, chaque défi peut être surmonté avec de la patience et du dialogue. Au final, cette expérience, bien qu'elle soit difficile, peut renforcer votre capacité à gérer vos relations et à vous rapprocher d'une amitié encore plus solide, ou simplement à en tirer des leçons pour l'avenir.

7.4 Restaurer la confiance et reconstruire une amitié saine

Lorsque la relation amoureuse ne fonctionne pas, la transition vers une amitié peut sembler insurmontable. La confiance, qui est l'un des piliers de toute relation, est souvent mise à mal par la rupture, créant une distance émotionnelle qui semble difficile à combler. Pourtant, avec de la patience, de l'ouverture d'esprit, et des efforts sincères, il est possible de reconstruire une amitié saine et durable après une séparation amoureuse.

Le premier pas vers la restauration de la confiance consiste à reconnaître la douleur et les sentiments blessés de part et d'autre. Souvent, la fin d'une relation laisse des traces émotionnelles profondes, et il est important de ne pas minimiser cette réalité. *La clé est d'avoir une conversation honnête*, où les deux parties peuvent exprimer leurs émotions, leurs regrets éventuels, et leur désir de reconstruire une nouvelle forme de relation. Cette ouverture permet de rétablir une base de communication saine, essentielle pour rétablir la confiance.

Prenons l'exemple de Sophie et Maxime. Après avoir tenté une relation amoureuse qui s'est soldée par une rupture, ils se sont retrouvés dans une situation délicate. Ils tenaient toujours l'un à l'autre, mais la douleur de la séparation les empêchait de retrouver leur complicité d'avant. Maxime, se sentant trahi, avait du mal à accorder sa confiance à nouveau. Sophie a donc pris l'initiative d'organiser une discussion sincère, où ils ont chacun pu exprimer leurs ressentis sans jugement. Cette étape leur a permis de poser les bases d'une nouvelle amitié, où la transparence et le respect des émotions étaient au centre.

Un autre aspect crucial de la reconstruction de l'amitié est *le respect des nouvelles limites émotionnelles*. Lorsque vous passez d'une relation amoureuse à une amitié, les frontières doivent être redéfinies. Il est possible que des gestes ou des paroles qui semblaient naturels pendant la relation amoureuse ne le soient plus dans le cadre amical. Par exemple, les marques d'affection physique ou certaines conversations intimes peuvent maintenant être perçues comme inconfortables ou inappropriées. Reconnaître et respecter ces nouvelles limites est essentiel pour ne pas rouvrir des blessures émotionnelles et permettre à la confiance de se réinstaller progressivement.

La patience est également un élément fondamental. *La confiance ne se rétablit pas du jour au lendemain*. Après une rupture, la relation amicale doit être abordée comme une nouvelle entité, avec ses propres règles et son propre rythme. Certaines personnes, comme Clara, ont besoin de plus de temps pour se remettre de la rupture avant de pouvoir envisager une amitié. Son ex-partenaire, Paul, avait tenté de forcer le processus en demandant des rencontres fréquentes peu de temps après leur séparation. Cela a eu l'effet inverse, créant une pression émotionnelle qui a freiné leur réconciliation amicale. Ce n'est qu'en laissant le temps agir et en respectant les besoins de Clara qu'ils ont pu finalement reconstruire une relation équilibrée.

Se pardonner mutuellement permet d'avancer. Une rupture amoureuse laisse souvent place à des blessures émotionnelles profondes, et des erreurs peuvent avoir été commises des deux côtés. La rancœur et les ressentiments non résolus peuvent empêcher la reconstruction de l'amitié. C'est pourquoi il est important de se pardonner, non seulement pour ce qui s'est passé pendant la relation, mais aussi pour la manière dont la rupture a été gérée. Ce processus de pardon permet d'alléger le fardeau émotionnel et de repartir sur des bases plus saines.

Pour restaurer la confiance et reconstruire une amitié saine, il est nécessaire de *créer de nouveaux souvenirs positifs* ensemble. Après une rupture, les souvenirs partagés peuvent être teintés par la douleur de la séparation. Repartir sur de nouvelles bases signifie aussi créer des moments qui redéfinissent la relation sous une lumière amicale. Cela peut se faire progressivement, à travers des activités communes où l'accent est mis sur le plaisir et la complicité, sans pression romantique.

Reconstruire une amitié après une relation amoureuse demande un engagement sincère, de la patience et beaucoup de communication. En étant ouvert aux besoins de l'autre et en prenant le temps de restaurer la confiance pas à pas, il est tout à fait possible de transformer ce qui semblait être une perte en une amitié plus solide et plus saine qu'auparavant. Chaque étape franchie ensemble renforce les bases de cette nouvelle amitié, et bien que le chemin soit parfois semé d'embûches, le résultat en vaut toujours la peine.

CHAPITRE 8: VIVRE SEREINEMENT DANS LA ZONE GRISE

8.1 Comment accepter l'ambiguïté sans pression de décision immédiate

Naviguer dans la zone grise entre amitié et amour peut être une source d'inconfort pour beaucoup, notamment en raison de l'incertitude qui l'accompagne. Pourtant, accepter cette ambiguïté sans chercher à prendre une décision immédiate peut offrir un véritable espace de liberté émotionnelle, à condition d'y être bien préparé. Il n'est pas toujours nécessaire de choisir entre amitié et amour dès le départ; parfois, laisser les choses évoluer naturellement permet de découvrir des dynamiques relationnelles plus profondes et enrichissantes.

L'un des premiers points à considérer est que l'ambiguïté n'est pas nécessairement négative. En effet, elle peut être l'occasion de mieux comprendre vos propres sentiments et ceux de l'autre personne, sans la pression de devoir tout définir. *La société nous pousse souvent à mettre des étiquettes sur nos relations*, mais la vérité est que chaque relation évolue à son propre rythme, et il est tout à fait possible d'explorer ces sentiments sans se précipiter dans des conclusions hâtives. Prenons l'exemple de Camille et Julien. Leur amitié a évolué progressivement vers une relation teintée d'ambiguïté, mais au lieu de se forcer à faire un choix immédiat, ils ont laissé leur relation suivre son cours. Ce temps leur a permis de voir plus clairement s'ils voulaient rester amis ou franchir une nouvelle étape.

Pour vivre avec cette incertitude, prenez le temps de vous écouter et d'être patient. Lorsque vous vous trouvez dans une relation floue, il est tentant de vouloir tout comprendre et de poser des questions à répétition: "Est-ce que je l'aime? Est-ce que je devrais tenter quelque chose de plus sérieux?" Ce questionnement est légitime, mais il est aussi important de prendre du recul et de laisser vos émotions se révéler avec le temps. En essayant de forcer des réponses immédiates, vous risquez de vous ajouter une pression inutile, et parfois de compliquer encore plus la situation. L'ambiguïté peut être inconfortable, mais elle vous invite aussi à vous détendre dans cet inconnu, à écouter vos sentiments évoluer, et à voir où cela vous mène.

Un autre élément crucial pour vivre sereinement dans la zone grise est *l'acceptation des émotions contradictoires*. Vous pouvez ressentir à la fois de l'attirance et un besoin de préserver l'amitié; vous pouvez vouloir explorer quelque chose de plus profond tout en ayant peur de perdre ce que vous avez déjà. Ces sentiments sont normaux et même sains. Ils montrent que vous êtes attentif aux complexités de la relation. Au lieu de les percevoir comme des obstacles, *essayez de les accepter comme une partie intégrante de l'expérience humaine*. Claire, par exemple, se sentait à la fois amoureuse et anxieuse à l'idée de perdre son meilleur ami, Thomas. En prenant le temps d'accepter ces deux réalités sans se précipiter vers une conclusion, elle a pu naviguer plus sereinement dans cette période d'incertitude.

Vivre dans la zone grise signifie aussi *avoir des conversations ouvertes* sans pour autant tout précipiter. Vous pouvez parler de vos sentiments avec l'autre personne sans chercher à imposer une décision ou à demander une réponse immédiate. Le simple fait d'être transparent et de partager vos doutes peut soulager une partie de l'anxiété liée à l'incertitude. Cela montre aussi à l'autre que vous êtes prêt à explorer la relation sans que tout soit parfaitement défini dès le début. Élodie et Marc ont réussi à maintenir une relation saine en se donnant l'espace pour partager leurs sentiments sans pour autant se forcer à prendre des décisions immédiates. Cette ouverture leur a permis d'évoluer naturellement, et ce, sans compromettre leur amitié.

Ne vous laissez pas dicter par la pression sociale. Souvent, ce sont les attentes extérieures qui nous poussent à vouloir des réponses claires et rapides. "Est-ce que vous êtes ensemble ou non?" Votre relation vous appartient et n'a pas à plaire à tout le monde. Ce qui compte, c'est ce que vous ressentez et comment vous souhaitez évoluer ensemble. Vous n'avez pas à définir immédiatement ce que vous vivez; la patience et le respect mutuel vous permettront de naviguer dans cette zone floue sans que cela devienne une source de stress.

Accepter l'ambiguïté sans pression immédiate peut enrichir votre relation et vous offrir une meilleure compréhension de vos émotions. En apprenant à vivre avec cette incertitude, vous vous ouvrez à des possibilités que vous n'auriez peut-être jamais envisagées. Et même si la décision finit par se prendre, elle viendra naturellement, au bon moment, sans la précipitation que la société nous impose souvent.

8.2 Profiter des avantages de la flexibilité dans une relation ambiguë

La flexibilité dans une relation ambiguë peut être vue comme une véritable opportunité, à condition d'apprendre à en tirer parti. Loin d'être un obstacle, cette zone grise entre amitié et amour peut offrir des moments de liberté et de découverte, permettant à chacun de mieux se connaître, sans la pression que l'on associe souvent aux relations plus clairement définies.

Premièrement, l'un des principaux avantages de cette flexibilité est la *liberté émotionnelle*. Lorsque les frontières ne sont pas clairement établies entre amitié et amour, il n'y a pas de règles strictes dictant comment agir ou se comporter. Vous n'êtes pas contraint par les attentes qui viennent habituellement avec une relation amoureuse traditionnelle, comme la jalousie ou l'exclusivité. Vous pouvez donc vivre des moments authentiques, sans les obligations ou les pressions qui peuvent peser dans un couple classique. Julie et Hugo, par exemple, ont longtemps navigué dans cette ambiguïté. En profitant de cette période floue, ils ont pu explorer différentes facettes de leur relation, en restant sincères l'un envers l'autre et en apprenant à mieux se comprendre sans se sentir enfermés dans des rôles préétablis.

La *flexibilité permet également d'explorer et de s'ajuster en fonction des besoins émotionnels*. En étant dans une zone grise, vous avez la possibilité de tester les eaux, de voir comment vous vous sentez sans avoir à trancher immédiatement entre amitié ou amour. Cela signifie que vous pouvez explorer différents niveaux d'intimité émotionnelle et physique, tout en respectant le rythme de chacun. Cette approche progressive vous permet d'éviter les décisions impulsives ou mal adaptées. Sarah et Karim, par exemple, ont laissé leur relation évoluer avec le temps, passant doucement d'une profonde amitié à une relation amoureuse, tout en s'ajustant à chaque étape, sans pression extérieure.

Un autre atout de cette flexibilité est la *possibilité de renforcer votre connexion sur le long terme*. Contrairement à une relation clairement définie dès le départ, où l'on se sent souvent poussé à suivre des étapes précises (comme l'engagement ou la cohabitation), une relation ambiguë vous offre le luxe de prendre le temps. Cela vous permet de bâtir une base solide, ancrée dans la sincérité, l'écoute et le respect des besoins de chacun. Vous pouvez prendre le temps d'apprendre à connaître l'autre, sans vous soucier des délais imposés par les normes sociales. Matthieu et Léa, après plusieurs mois dans cette zone grise, ont finalement découvert que cette période de flottement les avait préparés à une relation bien plus forte que s'ils avaient précipité les choses.

La flexibilité offre également l'avantage de *pouvoir ajuster la relation en fonction des circonstances extérieures*. Dans la vie, les situations évoluent: changements professionnels, déménagements, nouvelles responsabilités, etc. Dans une relation plus traditionnelle, ces changements peuvent créer des tensions ou des ruptures si les attentes ne sont pas alignées. Mais dans une relation ambiguë, cette souplesse vous permet de réajuster vos attentes et de trouver un nouvel équilibre, sans dramatiser la situation. Marc et Sophie, par exemple, ont dû faire face à des bouleversements dans leur vie professionnelle. Leur relation fluide leur a permis de s'adapter sans difficulté, consolidant ainsi leur complicité.

Cette flexibilité permet également de *savoir reconnaître et accepter l'incertitude*. Contrairement à l'idée que toute relation doit être définie dès le départ, la zone grise vous apprend à vivre avec cette part d'inconnu. Cela peut paraître intimidant pour certains, mais accepter l'incertitude peut aussi être libérateur. Vous vous libérez des attentes rigides, des scénarios prédéterminés, et vous acceptez que la relation puisse évoluer de manière imprévisible. Cette ouverture à l'incertitude permet aussi de découvrir de nouvelles manières d'être ensemble, sans se sentir enfermés dans des modèles relationnels prédéfinis.

La flexibilité dans une relation ambiguë peut être un véritable atout pour ceux qui savent en tirer parti. Elle offre l'opportunité de construire une relation à son propre rythme, sans pression, tout en permettant d'explorer différentes facettes de l'intimité. Elle invite à la découverte de soi, à la compréhension de l'autre et à l'ouverture face à l'inconnu. Si vous apprenez à apprécier cette souplesse, vous constaterez que la zone grise n'est pas nécessairement un lieu d'incertitude, mais un espace d'évolution et de possibilités.

8.3 Gérer les attentes de votre entourage concernant votre relation

Naviguer dans une relation ambiguë peut être suffisamment complexe pour les personnes directement impliquées. Les choses se compliquent encore davantage lorsqu'il s'agit de gérer les attentes et les jugements de l'entourage. Famille, amis et collègues peuvent, souvent sans s'en rendre compte, exercer une pression qui influence votre façon de vivre cette relation. Dans une situation où les frontières entre amitié et amour sont floues, ces pressions extérieures peuvent créer des tensions. **Comment préserver votre relation tout en gérant les attentes de votre entourage?**

Il est *essentiel* de comprendre que les attentes de votre entourage sont souvent basées sur des *modèles relationnels traditionnels*. La plupart des gens ont des idées bien ancrées sur ce qu'est une relation, soit amicale, soit amoureuse, avec peu de place pour les nuances. Lorsqu'une relation ne rentre pas dans ces cases préconçues, cela peut susciter des interrogations, voire des jugements. Vous pourriez entendre des remarques du type: **"Alors, vous êtes ensemble ou pas?"** ou **"Il va falloir que vous décidiez à un moment!"**. Julie, une jeune femme de 28 ans, a vécu cette situation lorsqu'elle était dans une relation ambiguë avec son meilleur ami. Elle raconte: **"Mes amis ne comprenaient pas pourquoi on ne 'mettait pas de label' sur notre relation, et cela créait des tensions à chaque dîner."**

Pour gérer ces attentes, la communication est une clé essentielle. Si votre entourage commence à poser des questions sur la nature de votre relation, il peut être utile de définir ce que vous êtes prêt à partager. Vous n'avez pas besoin de tout expliquer ni de justifier vos choix. Un *dialogue clair et assertif* peut aider à dissiper les malentendus. Par exemple, vous pouvez simplement dire: **"Nous explorons notre relation à notre rythme, et cela nous convient pour le moment. Nous n'avons pas besoin de tout définir immédiatement."** Cette approche permet de poser des limites sans se sentir envahi par la pression sociale.

Il est important de *ne pas laisser les attentes extérieures définir votre relation*. Bien que vos proches puissent être bien intentionnés, ils ne vivent pas votre situation. Il est donc essentiel de rester à l'écoute de vos propres sentiments et de ceux de votre partenaire. Marie et Thomas ont traversé cette épreuve lorsqu'ils ont réalisé que les attentes de leurs amis influençaient la manière dont ils percevaient leur propre relation. **"Nous avons commencé à ressentir une pression pour officialiser notre relation parce que nos amis ne comprenaient pas que nous étions bien comme ça. Mais en prenant du recul, nous avons compris que nous devions nous recentrer sur ce que nous, nous ressentions."**

Un autre point important est de *gérer les rumeurs et les jugements*. Lorsque les frontières sont floues, il n'est pas rare que les gens spéculent ou même tirent des conclusions hâtives. Il peut être frustrant d'entendre des commérages sur votre relation, mais vous n'avez pas besoin de réagir à chaque rumeur. Accepter que certaines personnes auront toujours des opinions, quelles que soient vos explications, peut vous aider à garder votre sérénité. Vous pouvez aussi choisir de ne pas trop exposer votre relation dans les cercles sociaux où vous savez que cela pourrait entraîner des jugements inutiles.

Il est aussi pertinent de *choisir à qui vous faites confiance pour partager les détails de votre relation*. Certaines personnes dans votre entourage seront plus compréhensives et ouvertes aux zones grises que d'autres. Il peut être réconfortant de discuter avec des amis ou des proches qui respectent votre façon de naviguer dans la relation et ne cherchent pas à imposer leur vision des choses. Camille, qui vivait une relation ambiguë, a trouvé un grand soutien en confiant ses ressentis à son frère, qui ne la jugeait jamais. **"Il m'a aidée à voir que ce qui comptait, c'était ce que je ressentais, et non ce que les autres pensaient."**

Il est important de rappeler que *vous êtes les seuls à vivre et à construire cette relation*. Ce n'est pas à l'entourage de définir comment vous devez vous comporter ou ce que vous devez ressentir. Si vous êtes à l'aise dans cette zone grise et que cela fonctionne pour vous et votre partenaire, alors c'est ce qui compte. Apprendre à dire **"non"** aux attentes externes vous libérera de beaucoup de pressions inutiles.

Bien que l'influence de l'entourage puisse être forte dans une relation ambiguë, vous pouvez apprendre à protéger cette relation en restant fidèle à ce que vous ressentez. En gérant les attentes avec bienveillance mais fermeté, vous pouvez tracer votre propre chemin, à votre rythme, et vivre sereinement la relation qui vous convient.

8.4 Vivre une relation authentique, que ce soit amitié ou amour

Dans la zone grise entre l'amitié et l'amour, l'authenticité est le pilier qui permet de construire une relation épanouissante. Que vous choisissiez de rester dans une relation amicale forte ou de franchir le pas vers une relation amoureuse, la clé réside dans le fait de rester fidèle à vous-même et à l'autre. Trop souvent, nous nous perdons dans des attentes externes ou dans des modèles relationnels imposés, sans prendre le temps de vraiment explorer ce qui nous convient le mieux. Pourtant, pour naviguer sereinement dans cette zone grise, la première étape est de comprendre que chaque relation est unique et qu'il n'existe pas de **"bonne"** ou de **"mauvaise"** façon de vivre une relation.

Prenons l'exemple de Clara et Antoine. Pendant plusieurs années, ils ont entretenu une amitié très proche, avec des moments d'attirance réciproque, mais sans jamais franchir la frontière vers une relation amoureuse. Malgré les pressions de leurs amis, ils ont pris la décision de ne pas étiqueter leur relation. **"Nous nous sentions bien comme ça,"** explique Clara. **"Nous savions qu'il y avait quelque chose de**

spécial entre nous, mais ce n'était ni complètement une amitié ni une romance. Ce mélange nous convenait." Leur histoire montre que vivre une relation authentique, que ce soit amicale ou amoureuse, ne nécessite pas toujours des définitions strictes.

La clé pour vivre cette authenticité est la *transparence émotionnelle*. Si vous cachez vos véritables sentiments ou si vous ajustez votre comportement pour plaire à l'autre, vous ne construisez pas une base solide pour la relation. Être honnête, non seulement avec vous-même mais aussi avec l'autre, est fondamental. Si vous ressentez une attirance romantique, n'ayez pas peur de l'exprimer, même si cela vous semble risqué. De la même manière, si vous voulez que la relation reste purement amicale, vous devez avoir la certitude que c'est ce qui vous convient réellement.

Une autre composante d'une relation authentique est la *capacité à accepter les zones d'incertitude*. Les relations ambiguës peuvent provoquer des moments d'incertitude et de doute, et cela peut être déstabilisant. Accepter cette part d'inconnu, plutôt que de tenter de forcer la relation dans un cadre rigide, peut souvent renforcer le lien. Julien et Manon, par exemple, ont accepté cette incertitude après avoir réalisé qu'ils étaient plus qu'amis, mais qu'ils ne se sentaient pas prêts à s'engager pleinement dans une relation amoureuse. **"Nous avons décidé de ne rien précipiter et d'accepter que notre relation évolue de manière organique, sans pression,"** raconte Julien.

L'authenticité dans la relation signifie également être *ouvert aux évolutions*. Ce qui commence comme une amitié peut, avec le temps, évoluer vers quelque chose de plus profond. À l'inverse, une relation amoureuse peut revenir à une amitié sincère, sans que cela soit perçu comme un échec. Il est donc crucial de laisser la relation respirer, de ne pas la figer dans des attentes statiques. Laisser place à l'évolution naturelle des sentiments et des dynamiques relationnelles est une manière de préserver l'authenticité.

Évitez de vous laisser influencer par les opinions des autres. Que vous viviez une amitié proche ou une relation amoureuse atypique, les attentes de la société ou de vos proches peuvent parfois exercer une pression non négligeable. Mais en fin de compte, votre relation ne concerne que vous et l'autre personne. Comme le dit si bien Camille, après avoir navigué dans une relation amicale-ambivalente pendant des années: **"Les gens autour de moi avaient leurs opinions, mais ce qui comptait vraiment, c'était ce que nous ressentions, et pas ce que les autres pensaient."**

L'authenticité implique de *se laisser le temps et l'espace de grandir individuellement*, tout en étant dans la relation. Une relation saine, qu'elle soit amicale ou amoureuse, est celle qui permet à chaque individu de s'épanouir à son propre rythme. Cela signifie respecter les moments où chacun a besoin d'espace, sans voir cela comme une remise en question de la relation. C'est en grandissant ensemble, tout en respectant l'individualité de l'autre, que vous pourrez forger une relation qui vous correspond véritablement.

Vivre une relation authentique, que ce soit dans l'amitié ou dans l'amour, nécessite une introspection honnête et un dialogue ouvert. Il n'y a pas de **"bonne"** façon de vivre une relation tant que celle-ci respecte vos valeurs et vos besoins mutuels. Peu importe où vous vous situez dans cette zone grise, le plus important est de rester en phase avec vos émotions et celles de l'autre. Une relation authentique, à la fois flexible et respectueuse, est la meilleure fondation pour construire un lien durable.

CONCLUSION

C.1 Ce que vous avez appris sur la gestion des relations ambiguës

En parcourant ce livre, vous avez pu explorer en profondeur la complexité des relations situées dans la zone grise entre amitié et amour. Vous avez découvert que ces relations ne suivent pas toujours les schémas traditionnels que l'on associe habituellement aux interactions humaines, et c'est ce qui les rend à la fois intrigantes et parfois déconcertantes. Mais au fil des chapitres, vous avez appris à identifier les éléments essentiels pour naviguer avec sérénité dans cette zone ambiguë.

Vous avez compris que l'une des premières étapes est d'*identifier clairement vos sentiments* et de les distinguer de ce que vous percevez dans votre relation. Souvent, les émotions peuvent se mélanger, et il peut être difficile de savoir si l'attirance que vous ressentez est purement amicale ou si elle est romantique. Vous avez appris que l'introspection est essentielle pour faire cette distinction.

Vous avez découvert l'importance de *la communication dans une relation ambiguë*. Que ce soit pour clarifier vos attentes, gérer des malentendus, ou aborder les non-dits, le dialogue reste l'outil central pour éviter que l'ambiguïté ne devienne source de frustration ou de malentendu. Les relations qui naviguent dans la zone grise peuvent parfois manquer de cadres ou de repères clairs, et c'est à vous et à l'autre personne de créer ces bases ensemble. Vous avez vu que sans communication ouverte, les attentes non verbalisées peuvent rapidement créer de la confusion et du mal-être.

Vous avez également appris que dans une relation ambiguë, *poser des limites* est un acte d'équilibre. Cela ne signifie pas brider la relation ou restreindre l'autre, mais plutôt de s'assurer que chacun se sente respecté et à l'aise. Vous savez maintenant qu'il est tout à fait possible de maintenir une amitié authentique, même lorsque des sentiments romantiques sont présents, à condition que chacun ait conscience de ses propres limites émotionnelles et des besoins de l'autre.

Au fur et à mesure que vous avanciez, il est devenu clair que *la patience et l'écoute mutuelle* sont des ingrédients indispensables pour réussir dans ces relations. Naviguer dans l'incertitude peut être difficile, mais vous avez appris qu'accepter une part de flou sans essayer de tout contrôler peut parfois renforcer la relation. Les relations évoluent souvent de manière inattendue, et leur laisser cet espace pour se développer naturellement permet de mieux gérer les tensions, les désirs non partagés, et de préserver un lien solide.

Nous avons aussi abordé les moments où la transition vers une relation amoureuse ne fonctionne pas. Vous avez vu comment, même après une tentative échouée de transformer une amitié en amour, il est possible de reconstruire une amitié saine, en respectant les émotions et les défis que chacun traverse. Il ne s'agit pas de gommer la déception mais de la comprendre et de l'accepter, pour pouvoir, ensemble, restaurer la confiance et rétablir la relation sur de nouvelles bases.

Tout au long de ce livre, vous avez découvert des outils concrets pour gérer la complexité des relations ambiguës. Que vous ayez décidé de rester dans une amitié forte ou d'explorer la voie romantique, vous avez maintenant les moyens d'aborder ces relations avec confiance et maturité. Vous avez appris que la clarté, l'écoute, et le respect des besoins de chacun sont des clés essentielles pour éviter que l'ambiguïté ne devienne source de souffrance.

Perspectives d'avenir

À travers tout ce que vous avez appris, une chose demeure: la zone grise n'est ni un piège ni un obstacle, mais une opportunité de mieux comprendre vos émotions et celles des autres. Que vous choisissiez de rester amis ou de devenir amants, chaque relation que vous entretenez peut vous enrichir, à condition que vous la viviez avec authenticité et ouverture. Dans un monde où les relations évoluent constamment, être capable de gérer l'ambiguïté devient une compétence précieuse, que vous pourrez appliquer à d'autres aspects de votre vie.

La gestion des relations ambiguës repose avant tout sur la transparence et l'empathie. Vous êtes désormais armé pour aborder ces situations avec plus de sérénité et de lucidité. Que vous soyez face à une amitié spéciale ou une relation potentiellement amoureuse, souvenez-vous de toujours respecter votre vérité intérieure et celle de l'autre. C'est dans cette authenticité que naît la beauté des relations, quelles qu'elles soient.

C.2 L'importance de la communication et de l'honnêteté émotionnelle

Au fil de ce livre, nous avons exploré la complexité des relations qui évoluent dans cette zone floue entre amitié et amour. Si un thème se démarque plus que les autres, c'est bien celui de la communication et de l'honnêteté émotionnelle. Dans toutes les relations humaines, mais particulièrement dans celles où les frontières ne sont pas clairement définies, la capacité à exprimer ses ressentis et à comprendre ceux de l'autre est essentielle pour éviter les malentendus, les frustrations et la confusion.

Dans ces relations ambiguës, la communication n'est pas seulement une manière de discuter des sujets du quotidien, mais elle devient un outil pour poser des bases solides, clarifier les attentes et les intentions, et exprimer les incertitudes. Sans ce dialogue ouvert, les zones d'ombre grandissent, et les non-dits finissent par créer des tensions sous-jacentes. C'est précisément à ce moment-là que les choses deviennent compliquées et souvent douloureuses. La communication permet d'éviter cela en donnant à chacun la possibilité de comprendre l'autre, de se positionner, et d'ajuster ses propres attentes.

L'honnêteté émotionnelle est l'un des piliers fondamentaux pour traverser ces relations. Être honnête avec soi-même sur ce que l'on ressent, tout comme être honnête avec l'autre, est un acte courageux mais nécessaire. Trop souvent, nous nous retenons de dire ce que nous ressentons par peur de perdre l'amitié, ou parce que nous ne savons pas comment l'autre personne réagira. Cette retenue finit généralement par alimenter davantage d'incertitudes et de malentendus. Apprendre à exprimer ses émotions, même celles qui sont inconfortables, est un acte de respect envers soi-même et envers l'autre.

Les relations ambiguës demandent une vigilance constante en matière d'honnêteté. Lorsque vous ne dites pas ce que vous ressentez vraiment, ou si vous vous contentez d'ignorer vos propres besoins émotionnels pour préserver l'harmonie apparente, vous finissez par créer un fossé intérieur. Ce fossé s'élargit avec le temps, rendant la relation difficile à gérer. L'honnêteté, même dans ses formes les plus vulnérables, permet de préserver l'intégrité de la relation. Que vous restiez amis ou que vous deveniez amants, l'essentiel est de ne jamais perdre de vue vos propres vérités émotionnelles.

L'autre aspect clé que nous avons abordé est que la communication ne doit pas être utilisée uniquement pour partager ce que vous ressentez, mais aussi pour écouter activement l'autre. L'écoute est un acte aussi important que l'expression de soi. Lorsque vous écoutez sans jugement, vous permettez à l'autre personne de se sentir en sécurité pour partager ses propres émotions, et cela renforce le lien entre vous. Une communication réussie n'est jamais un monologue, mais bien un échange où chacun peut comprendre les besoins et les désirs de l'autre.

Dans les perspectives d'avenir, cette compétence de communication honnête ne se limite pas à une seule relation. Elle devient une compétence de vie, applicable à toute interaction, qu'elle soit amicale, amoureuse ou même professionnelle. Être capable de s'exprimer clairement et de comprendre l'autre est une force qui vous servira dans toutes vos relations. Plus encore, cela contribue à créer des liens authentiques, basés sur la confiance et le respect mutuel.

En réaffirmant l'importance de la communication et de l'honnêteté émotionnelle, vous avez maintenant les outils pour gérer les situations ambiguës avec plus de clarté et de sérénité. Vous avez également appris que ces outils peuvent vous aider à construire des relations plus solides, qu'elles soient amicales ou amoureuses. Ce processus est exigeant, car il demande une attention constante, mais il en vaut toujours la peine.

Il faut toujours se rappeler que la communication n'est pas seulement un moyen de s'exprimer, mais un pont qui permet de naviguer dans les complexités émotionnelles des relations humaines. Soyez toujours prêts à parler avec honnêteté et à écouter avec bienveillance. C'est dans cette honnêteté et cette transparence que vous trouverez la clé pour traverser la zone grise sans perdre de vue ce qui est vraiment important: une relation qui respecte les émotions de chacun.

C.3 Comment trouver la paix dans vos relations, quelles qu'elles soient

À travers ce livre, nous avons exploré en détail les différentes étapes et complexités des relations qui évoluent dans la zone grise entre amitié et amour. Une question essentielle demeure: comment, au final, trouver la paix dans vos relations, qu'elles soient ambiguës ou clairement définies? La réponse se trouve dans une approche qui combine l'honnêteté, la communication, l'acceptation de l'incertitude et la flexibilité. Trouver la paix dans vos relations ne signifie pas qu'il n'y aura jamais de défis ou de moments de doute. Au contraire, il s'agit d'apprendre à naviguer dans ces moments avec sérénité et confiance en soi et en l'autre.

L'un des premiers enseignements que nous avons vus est *l'importance de la clarté émotionnelle*. Avant de pouvoir trouver la paix dans une relation, vous devez d'abord être en paix avec vos propres sentiments. Si vous êtes dans une relation ambiguë et que vous ne parvenez pas à comprendre vos propres désirs ou besoins, cette incertitude intérieure se reflétera inévitablement dans la relation elle-même. La paix commence donc en vous. Cela peut signifier prendre du recul, réfléchir à ce que vous ressentez réellement et être honnête avec vous-même sur ce que vous attendez de la relation.

La paix dans une relation repose également sur la *communication ouverte*. Vous ne pouvez pas vous attendre à ce que l'autre personne comprenne vos besoins ou vos désirs si vous ne les exprimez pas. Écoutez attentivement ce que l'autre a à vous dire. Cette ouverture permet de dissiper les malentendus avant qu'ils ne deviennent des conflits, et elle crée un espace où chacun peut s'exprimer librement sans craindre le jugement. Prenez l'exemple de Lucas et Émilie, qui ont navigué pendant des années dans une relation ambiguë. Ils ont trouvé la paix non pas en définissant clairement leur relation, mais en s'assurant que chaque étape de leur parcours était accompagnée d'un dialogue honnête sur leurs attentes et leurs ressentis.

Accepter l'incertitude est un autre aspect fondamental pour trouver la paix dans vos relations. Dans les relations ambiguës, il est naturel de ressentir des moments de doute ou d'hésitation. Plutôt que de chercher des réponses immédiates ou de forcer une définition de la relation, apprenez à accepter que certaines choses prendront du temps pour se clarifier. L'incertitude ne doit pas nécessairement être perçue comme une menace, mais plutôt comme une opportunité de grandir et de découvrir ce que la relation peut offrir sans précipitation. En laissant de l'espace à l'ambiguïté, vous permettez à la relation d'évoluer de manière organique, sans pression.

Une autre clé pour trouver la paix est d'adopter une *attitude flexible et adaptable* face aux évolutions naturelles de la relation. Que vous restiez amis ou que vous deveniez amants, il est possible que vos sentiments évoluent avec le temps. La paix ne signifie pas que tout reste figé, mais plutôt que vous êtes prêts à vous ajuster en fonction de l'évolution de la relation. Avoir cette flexibilité mentale permet de mieux vivre les transitions, qu'elles soient petites ou grandes, et de ne pas se sentir prisonnier des attentes initiales.

Trouver la paix dans vos relations signifie aussi *accepter les imperfections*. Aucun lien n'est parfait, et il est irréaliste de penser que tout se déroulera toujours sans accroc. Accepter les moments de tension, les malentendus, voire les déceptions fait partie du cheminement vers une relation épanouissante. Ces moments ne doivent pas être vus comme des obstacles insurmontables, mais plutôt comme des opportunités pour renforcer le lien. Quand vous cessez de rechercher la perfection, vous vous donnez la liberté d'apprécier pleinement les qualités uniques de la relation.

Prendre soin de vous-même est une étape essentielle pour trouver la paix dans n'importe quelle relation. Vous ne pouvez être en paix avec l'autre que si vous prenez le temps de vous recentrer sur vos propres besoins et de préserver votre bien-être émotionnel. Cela peut signifier se donner des moments de solitude, s'engager dans des activités personnelles, ou simplement prendre du recul lorsque les choses deviennent trop intenses. Quand vous vous respectez vous-même, vous êtes mieux préparé à respecter l'autre et à construire une relation harmonieuse.

Trouver la paix dans vos relations, qu'elles soient amicales, amoureuses ou dans cette zone grise entre les deux, ne repose pas sur le fait de tout comprendre ou de tout contrôler. Il s'agit plutôt d'apprendre à accepter l'incertitude, de communiquer avec honnêteté, de faire preuve de flexibilité, et surtout, de respecter vos propres besoins tout en respectant ceux de l'autre. Chaque relation est une opportunité unique de grandir et d'apprendre, et c'est dans cette perspective que vous trouverez le chemin vers une paix durable.

C.4 Un dernier mot pour naviguer avec confiance dans la zone grise

Au fil de ce livre, nous avons exploré les subtilités et les défis uniques que pose la zone grise entre l'amitié et l'amour. Ce terrain ambigu peut sembler déroutant, voire déstabilisant, pour ceux qui s'y trouvent, mais il peut aussi se révéler comme un espace de découverte et d'évolution personnelle. L'objectif principal de cet ouvrage était de vous fournir les outils nécessaires pour naviguer avec confiance dans cette zone, en comprenant mieux vos propres émotions, en communiquant avec l'autre de manière ouverte et honnête, et en respectant le rythme naturel de chaque relation.

Nous avons vu que l'un des premiers défis dans cette zone grise est de *reconnaître et accepter vos sentiments*. Accordez-vous le temps de réfléchir à la nature de vos sentiments. Ne vous précipitez pas pour étiqueter vos émotions. Il n'existe pas de règle fixe, et chaque relation évolue à sa propre manière. En étant honnête avec vous-même, vous pouvez mieux comprendre ce que vous voulez réellement et éviter de vous laisser influencer par des attentes extérieures.

La *communication* est ensuite devenue un thème central tout au long de ce livre. Qu'il s'agisse de clarifier les attentes, d'éviter les malentendus ou de gérer les non-dits, la capacité à exprimer vos besoins et à écouter ceux de l'autre est essentielle pour maintenir une relation saine dans cette zone d'incertitude. La transparence émotionnelle est ce qui vous permettra de naviguer sereinement, sans laisser place à des frustrations cachées ou à des incompréhensions qui pourraient nuire à la relation.

Nous avons également discuté de l'importance de *poser des limites claires*. Naviguer dans la zone grise ne signifie pas que tout est permis ou que tout est acceptable. Que vous restiez amis ou que vous envisagiez de devenir amants, savoir où sont vos limites, et les communiquer à l'autre, est essentiel pour que la relation reste saine et respectueuse. Cela signifie également apprendre à respecter les limites de l'autre et ne pas imposer de pressions inutiles.

Un autre point clé abordé était *l'incertitude* et l'idée qu'il est possible de trouver une certaine paix en l'acceptant. Dans les relations ambiguës, vouloir tout clarifier ou tout comprendre tout de suite peut souvent créer plus de tensions que nécessaire. Accepter que certaines choses restent floues pendant un certain temps peut vous aider à relâcher la pression et à laisser la relation évoluer naturellement. Vous avez vu qu'il est possible d'évoluer dans cette zone avec patience, en observant comment les sentiments et les dynamiques se développent.

La flexibilité est également un point essentiel. En apprenant à *vous adapter à l'évolution naturelle de la relation*, vous laissez la place à l'autre et à vous-même pour grandir ensemble, sans vous sentir contraints par des attentes rigides. Cette flexibilité vous permet de vous ajuster en fonction des changements de la relation, qu'ils soient petits ou grands, et d'accepter que les sentiments puissent évoluer.

En regardant vers l'avenir, il est évident que ces compétences et ces réflexions ne s'appliquent pas uniquement à une seule relation ou à un seul moment de votre vie. Savoir naviguer dans la zone grise vous aidera à mieux comprendre et gérer toute relation qui s'écarte des modèles traditionnels. La société évolue, et avec elle, les conceptions des relations évoluent aussi. Ce que vous avez appris ici peut vous guider dans des amitiés, des relations amoureuses, ou même des collaborations professionnelles où la clarté émotionnelle et la communication restent primordiales.

N'oubliez pas que chaque relation a sa propre identité et doit être appréciée comme telle. Il n'existe pas de modèle universel de ce que devrait être une relation parfaite. Ce livre vous a montré qu'il est tout à fait possible de prospérer dans la zone grise en adoptant une approche authentique et respectueuse. En prenant soin de vos propres émotions et en respectant celles des autres, vous créez les conditions idéales pour une relation saine, qu'elle soit amicale, amoureuse ou quelque part entre les deux.

Naviguer dans la zone grise ne signifie pas abandonner le contrôle, mais plutôt accepter une part d'incertitude et d'évolution naturelle dans vos relations. C'est une invitation à vivre chaque relation avec un esprit ouvert, à comprendre qu'il n'y a pas de bonne ou de mauvaise manière de la définir, tant que chacun est respecté et écouté. La confiance en vous-même, dans vos sentiments et dans la relation, sera votre meilleur guide. Laissez-vous porter par cette confiance, et sachez que quelle que soit la direction que prend votre relation, vous avez maintenant les clés pour la vivre pleinement et sereinement.

BIBLIOGRAPHIE

01. **La dynamique des relations amoureuses et amicales**, Serge Hefez, Fayard, 2011

02. **L'art de l'amour**, Erich Fromm, Éditions Payot, 1956

03. **Les 5 langages de l'amour**, Gary Chapman, Éditions Farel, 1995

04. **Les règles d'or de l'amitié**, Francesco Alberoni, Pocket, 2007

05. **Amour et amitié**, Alan Bloom, Presses Universitaires de France, 1993

06. **Les nouveaux couples**, Jean-Claude Kaufmann, Armand Colin, 2010

07. **Le développement de l'attachement**, John Bowlby, Éditions du Seuil, 1978

08. **Les chemins de l'amour**, Boris Cyrulnik, Odile Jacob, 2005

09. **L'intelligence amoureuse**, Saverio Tomasella, Eyrolles, 2012

10. **Le lien amoureux**, Jacques Salomé, Éditions de l'Homme, 2004